もくじ

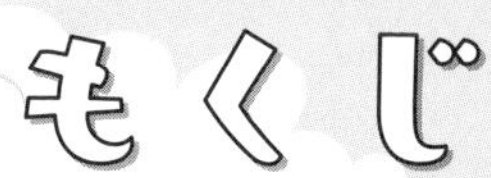

開隆堂版　英語1年

リスニング音声はこちらから聞けるよ！

音声をwebサイトよりダウンロードするときのパスワードは『7GWMZ』です。

テストの範囲や学習予定日をかこう！

学習計画	
出題範囲	学習予定日
5/14	5/10
テストの日	5/11

Get Ready ～ PROGRAM 0

中学校英語をはじめよう ～ アルファベットを確かめよう

テストに出る! ココが要点&チェック!

アルファベット

教 p.7～p.17

1 アルファベットの大文字と小文字

チェック! ★(1)(2)

英語のアルファベットは A から Z まで 26 文字あり，それぞれに大文字(A，B など)と小文字(a，b など)がある。

大文字 すべて基本線(上から 3 番目の線)の上の 2 つを使って書く。

ABCDEFGHIJKLMNOPQRSTUVWXYZ

小文字 g，j，p，q，y の 5 文字は基本線の下に出るので注意する。

a b c d e f g h i j k l m n o p q r s t u v w x y z

アルファベットの文字と発音

教 p.18～p.19

2 つづり字と発音

チェック! ★(3)(4)

アルファベット 1 文字のときの読み方(名前読み)と，単語の中での読み方(音読み)は異なることがある。また，同じ文字でもいくつかの発音の仕方がある。

母音文字の発音

ant［アント］	apron［エイプロン］	［ア］ / ［エイ］
ink［インク］	idol［アイドル］	［イ］ / ［アイ］
umbrella［アンブレラ］	uniform［ユーニフォーム］	［ア］ / ［ユー］
elevator［エレベーター］	eraser［イレイサー］	［エ］ / ［イ］
omelet［アムレット］	OK［オウケイ］	［ア］ / ［オウ］

※単語にふくまれる a，i，u，e，o の文字を母音文字，そのほかを子音文字という。

日本語にはない発音

r	run(走る) など：口のまん中で舌先を立てて発音する。舌が口の中のどこにもつかないようにする。
l	long(長い) など：舌先を上の歯の裏につけて発音する。舌の両側から音を出す。
f	fish(魚) など：下くちびるを上の歯に当てて息を出す。
v	van(ワゴン車) など：下くちびるを上の歯に当てて声を出す。
th	math(数学) など：舌先を歯で軽くはさんで，舌と歯の間から息を出す。
th	this(これは) など：舌先を歯で軽くはさんで，舌と歯の間から声を出す。

PROGRAM 1 / Word Web 1

教科書 p.21~p.28

重要文

☑I'm Ami.	私は亜美です。
☑I'm not Ami.	私は亜美ではありません。
☑You are Ami.	あなたは亜美ですね。
☑Are you from the U.S.?	あなたはアメリカ合衆国出身ですか。
☑Where are you from?	あなたはどこの出身ですか。
— I'm from New Zealand.	— 私はニュージーランドの出身です。

重要単語・表現

♪b02

PROGRAM 1 / Word Web 1

☑active	活発な
☑**an**	**１つの，１人の**
☑angel	天使
☑aren't	are not の短縮形
☑be from ～	～の出身である
☑beast	けもの
☑careful	注意深い
☑cheerful	明るい，元気のよい
☑fairy	妖精
☑**fan**	**ファン，熱烈な支持者**
☑firefighter	消防士
☑friendly	親しみやすい
☑funny	おかしな
☑helpful	役に立つ
☑honest	正直な
☑I'm	I am の短縮形
☑**just**	**ちょうど，まさに**
☑king	王
☑**of**	**～の**
☑**oh**	**まあ，おお，ああ**
☑polite	ていねいな，礼儀正しい
☑prince	王子
☑princess	王女
☑quiet	静かな，おとなしい
☑**really**	**ほんとうに**
☑serious	まじめな
☑shy	恥ずかしがりの
☑smart	かしこい，頭の切れる
☑**student**	**生徒，学生**
☑**talk**	**話す**
☑want to ～	～したい
☑you're	you are の短縮形
☑Nice to meet you.	お会いできてうれしいです。
☑No problem.	どういたしまして，問題ありません。
☑Pardon me?	すみません。
☑Thanks for ～.	～をありがとう。

ココをチェック！

☑「私は～です」/「あなたは～です」

I am ～. / You are ～.

☑「あなたはどこの出身ですか」

Where are you from?

PROGRAM 2

教科書 p.29~p.35

重要文

☑I have an apple for a snack.	おやつにリンゴが1個あります。
☑I don't like apples.	私はリンゴが好きではありません。
☑I eat five bananas for a snack.	私はおやつにバナナを5本食べます。
☑Do you often climb mountains?	あなたはよく山に登りますか。
— Yes, I do.	—はい，登ります。
— No, I don't.	—いいえ，登りません。
☑When do you climb?	あなたはいつ登りますか。
— On weekends.	—週末です。

重要単語・表現

♪b03

PROGRAM 2

☑**after**	～のあとに[で]
☑after school	放課後
☑at night	夜は[に]
☑**before**	～より前に
☑**bike**	自転車
☑**break**	休憩
☑climb	登る
☑**dinner**	夕食
☑draw	(絵を)描く
☑**during**	～の間に
☑**every**	毎～，～ごとに
☑every day	毎日
☑go shopping	買い物に行く
☑**grow**	栽培する，育てる
☑in the afternoon	午後に
☑in the morning	午前(中)に
☑look at ～	～(のほう)を見る
☑**night**	夜
☑**often**	しばしば
☑**picture**	絵，写真
☑snack	軽食，おやつ
☑take a bath	ふろに入る
☑**tomorrow**	明日(は)
☑very much	とても，非常に
☑**weekend**	週末
☑**wow**	うわー
☑How about ～?	～はどうですか。
☑Sure.	いいですよ。[はい。]
☑Yes, let's.	そうしましょう。

ココをチェック！

☑「私は～が好きです」
I like ～.

☑「私は～が好きではありません」
I don't like ～.

☑「あなたは～が好きですか」
Do you like ～?

☑「あなたはいつ～しますか」
When do you ～?

Word Web 2 ～ アクションコーナー

教科書 p.36~p.38

重要文

☐What day is it today?	今日は何曜日ですか。
☐What day of the week is it today?	今日は何曜日ですか。
☐— It's Wednesday.	— 今日は水曜日です。
☐How's the weather today?	今日は天気はどうですか。
☐— It's cloudy.	— 今日はくもりです。
☐Play baseball.	野球をしなさい。
☐Don't play baseball.	野球をしてはいけません。

重要単語・表現

♪b04

Word Web 2

☐**Sunday**	日曜日
☐**Monday**	月曜日
☐**Tuesday**	火曜日
☐**Wednesday**	水曜日
☐**Thursday**	木曜日
☐**Friday**	金曜日
☐**Saturday**	土曜日
☐**week**	週
☐**cloudy**	くもりの
☐**rainy**	雨の
☐**sunny**	晴れの

アクションコーナー

☐**close**	閉じる，閉める
☐**open**	開ける，開く
☐**some**	いくらかの， いくつかの
☐**song**	歌
☐touch	さわる
☐**write**	書く

曜日や天気について
英語で言えるように
なろうね！

PROGRAM 3 ～ Power-Up 1

教科書 p.39～p.52

重要文

☐ I can make *sushi*.	私はすしを作ることができます。
☐ I can't eat fish.	私はさかなを食べられません。
☐ Can you cook?	あなたは料理ができますか。
— Yes, I can. / No, I can't.	— はい，できます。/ いいえ，できません。
☐ What can you make?	あなたは何を作ることができますか。
— I can make *ramen*.	— 私はラーメンを作ることができます。

重要単語・表現

♪b05

PROGRAM 3

☐ American	アメリカ(人)の
☐ **any**	疑 何か，いくつか
☐ aunt	おば
☐ **catch**	つかまえる
☐ **change**	変える
☐ Chinese	中国語[人]
☐ **classmate**	級友，クラスメート
☐ cousin	いとこ
☐ from ～ to ...	～から…へ[まで]
☐ **guitar**	ギター
☐ have a great time	すばらしい時を過ごす
☐ have fun at ～	～を楽しむ
☐ **keep**	守る
☐ **kilometer**	キロメートル
☐ secret	秘密
☐ **show**	見せ物，番組，ショー
☐ skate	スケートをする
☐ ski	スキーをする
☐ **their**	彼ら[彼女ら，それら]の
☐ **then**	それでは，それなら
☐ uncle	おじ
☐ **with**	～といっしょに

Steps 2

☐ **everyone**	みなさん，だれも
☐ **love**	大好きである，愛する

Our Project 1 / Power-Up 1

☐ **her**	彼女の
☐ **large**	大きい，広い
☐ **or**	または，それとも
☐ **size**	大きさ，サイズ
☐ Can I ～？	～してもよいですか。
☐ For here or to go?	こちらでめしあがりますか，お持ち帰りになりますか。
☐ Here you are.	はい，どうぞ。
☐ How much ～？	～はいくらですか。

ココをチェック！

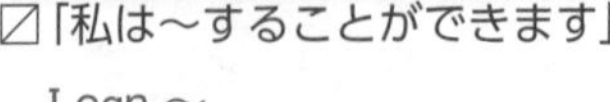

☐「私は～することができます」
I can ～.

☐「私は～することができません」
I can't [cannot] ～.

☐「あなたは～することができますか」
Can you ～？

☐「あなたは何を～しますか」
What do you ～？

PROGRAM 4

教科書 p.53~p.59

重要文

☐This[That] is a drone. これは[あれは]ドローンです。

☐Is this[that] a drone? これは[あれは]ドローンですか。

— Yes, it is. — はい，そうです。

— No, it isn't. — いいえ，違います。

☐Who is that woman[man]? あの女の人[男の人]はだれですか。

— She[He] is Ms. Mori. — 彼女[彼]は森先生です。

重要単語・表現

♪b06

PROGRAM 4

☐**answer**	答え
☐**bird**	鳥
☐court	(テニスなどの)コート，中庭
☐culture	文化
☐elephant	ゾウ
☐finger	(手の)指
☐forest	森
☐**got**	**get(得る)の過去形**
☐gray	灰色(の)
☐**hold**	**持つ，つかむ**
☐hole	穴
☐**into**	**～の中へ[に]**
☐isn't	is not の短縮形
☐**lion**	**ライオン**
☐**man**	**男性，男の人**
☐**person**	**人，個人**
☐poet	歌人，詩人
☐pull	引く
☐**push**	**押す**
☐real	本物の
☐round	丸い
☐rub	こする
☐runner	走者，ランナー
☐**save**	**(時間などを)省く**
☐**smile**	**ほほえむ，笑う**
☐tail	しっぽ
☐type	型，類，タイプ
☐**useful**	**役に立つ**
☐vegetable	野菜
☐what's	what is の短縮形
☐**woman**	**女性，女の人**
☐**work**	**仕事**
☐I got it!	わかった。
☐I see.	なるほど[そうですか]。
☐That's right.	そのとおりです。

ココをチェック！

☐「これ[あれ]は～です」
This[That] is ～.

☐「これ[あれ]は～ではありません」
This[That] isn't ～.

☐「これ[あれ]は～ですか」
Is this[that] ～?

☐「～はだれですか」
Who is ～?

Power-Up 2

教科書 p.60

重要文

☑Which pen is yours, the red one or the green one?
— The green one is.

赤いペンと緑のペンでは，どちらのペンがあなたのものですか。
— 緑色のペンです。

☑Whose pen is the other one?
— It's Ken's.

もう１つはだれのペンですか。
— それは健のものです。

重要単語・表現

♪b07

Power-Up 2

☑absent	欠席の
☑**both**	両方
☑**light**	明るい
☑**mine**	私のもの
☑**other**	ほかの
☑**these**	これらは[が]
☑**which**	どの，どちらの
☑**whose**	だれの
☑**yours**	あなたのもの

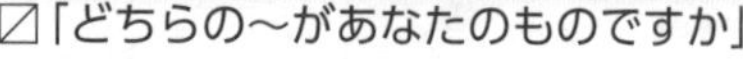

ココをチェック！

☑「どちらの～があなたのものですか」
Which ～ is yours?

☑「…はだれの～ですか」
Whose ～ is ... ?

which，whose の使い方を理解しようね！

PROGRAM 5 / Word Web 3

教科書
p.61~p.68

重要文

☑My grandmother makes lunch for me. 私の祖母は私のために昼食を作ってくれます。

☑My grandmother doesn't make breakfast. 私の祖母は朝食を作りません。

☑Does your grandfather make breakfast? あなたのおじいさんは朝食を作りますか。

— Yes, he does. / No, he doesn't. — はい，作ります。/ いいえ，作りません。

重要単語・表現

♪b08

PROGRAM 5

☑**abroad**	外国へ[に]
☑at home	家で[に]
☑be proud of ～	～を誇りに思う
☑bicycle	自転車
☑cooking	料理
☑doesn't	does not の短縮形
☑every morning	毎朝
☑**family**	家族
☑**has**	have の変化形
☑**important**	重要な，大切な
☑**job**	仕事
☑**member**	一員，メンバー
☑nowadays	今日では，近ごろ
☑**player**	選手
☑**same**	同じ
☑shoe	〔通例は複数形で〕くつ
☑take a picture	写真をとる
☑take off ～	～をぬぐ
☑they're	they are の短縮形
☑**travel**	旅行をする
☑**wear**	着ている
☑～, right?	～でよろしいですね。

Word Web 3

☑**January**	1月
☑**February**	2月
☑**March**	3月
☑**April**	4月
☑**May**	5月
☑**June**	6月
☑**July**	7月
☑**August**	8月
☑**September**	9月
☑**October**	10月
☑**November**	11月
☑**December**	12月
☑**season**	季節
☑**month**	(年月の)月
☑**spring**	春
☑**summer**	夏
☑**fall / autumn**	秋
☑**winter**	冬

ココをチェック！

☑三人称・単数・現在形
主語が三人称・単数の場合，動詞の最後に -s, -es をつける。

☑否定文 〈主語＋ doesn't ＋動詞の原形 ～.〉

☑疑問文 〈Does ＋主語＋動詞の原形 ～?〉

教科書
p.69~p.75

重要文

☑This is my friend Paul.	この人は私の友だちのポールです。
— I know him.	— 私は彼を知っています。
☑He is Sue's brother.	彼はスーのお兄さんです。
— Oh, Sue! I like her.	— ああ，スーですね。私は彼女が好きです。
☑Why do you like Sue?	あなたはなぜスーが好きなのですか。
— Because she is always kind to me.	— なぜなら彼女はいつも私に親切にしてくれるからです。

重要単語・表現

♪b09

PROGRAM 6

☑**across**	～を横切って，～を越えて
☑adult	おとな
☑amazing	すばらしい
☑**anything**	疑 何か
☑athlete	運動選手，アスリート
☑attack	襲う，攻撃する
☑beyond	～の向こうに
☑**child**	子ども
☑**children**	**child** の複数形
☑dangerous	危険な
☑detective	探偵
☑**early**	(時間が)早く
☑everybody	すべての人，だれでも
☑**find**	見つける
☑get up	起きる
☑**him**	彼を[に]
☑**his**	彼の，彼のもの
☑**hour**	1時間，時間
☑leader	指導者
☑**movie**	映画
☑**musician**	ミュージシャン，音楽家
☑**parent**	親
☑pirate	海賊
☑pray	祈る
☑romantic	ロマンチックな
☑safe	無事な，安全な
☑safety	無事，安全
☑savanna	サバンナ
☑**tell**	教える，言う
☑**them**	彼ら[彼女ら，それら]を[に]
☑**there**	そこで[に，へ]
☑**way**	道，方法
☑who's	who is の短縮形
☑writer	作家
☑yeah	うん，そう
☑～, you know.	～だよね。
☑No way!	まさか[そんなばかな]。

ココをチェック！

☑理由のたずねる方と答え方

「なぜ～ですか」

Why ～?

「なぜなら～だからです」

Because ～.

Power-Up 3 ～ Word Web 4

教科書 p.76~p.78

重要文

☐What's the date today?	今日は何日ですか。
— It's December 1.	— 12月1日です。
☐My birthday is July 4.	私の誕生日は7月4日です。

重要単語・表現

♪b10

Power-Up 3

☐burger	ハンバーガー
☐center	〔施設(しせつ)としての〕センター
☐escalator	エスカレーター
☐**excuse**	許す
☐**floor**	階
☐information	情報
☐**next**	隣の
☐next to ～	～の隣に
☐staff	職員，スタッフ
☐Excuse me, but ～.	すみませんが，～。
☐You're welcome.	どういたしまして。

Power-Up 4

☐**camera**	カメラ
☐**easily**	たやすく，手軽に
☐instant	すぐの，即時の
☐**miss**	逃す
☐**now**	今(は)，現在(では)
☐**share**	分かち合う
☐switch	スイッチを入れる
☐switch on ～	～のスイッチを入れる
☐**wall**	壁

Word Web 4

☐**date**	日付
☐**first**	1番目(の)
☐**second**	2番目(の)
☐**third**	3番目(の)

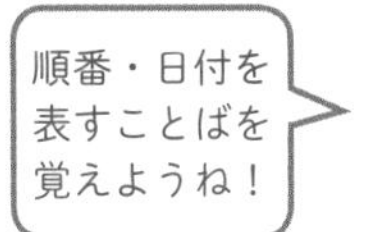

PROGRAM 7 ～ Power-Up 5

教科書
p.79~p.94

重要文

☑There is a *sushi* restaurant.　すし屋が一軒あります。

☑There are some *sushi* restaurants.　すし屋が数軒あります。

☑How can we go to the cake shop?　私たちはどうやったらそのケーキ屋に行けますか。

— By bike.　— 自転車で行けます。

重要単語・表現

♪b11

PROGRAM 7

☑**also**	～もまた，さらに
☑**car**	自動車
☑check	確かめる
☑college	大学
☑**come**	来る，(相手のいる方向へ)行く
☑**example**	例
☑for example	たとえば
☑**far**	遠くに
☑full	いっぱいの，満ちた
☑a little	少し
☑**museum**	博物館
☑**near**	～の近くの[に]
☑**over**	越えて
☑over there	あそこに，向こうに
☑**party**	パーティー
☑**plane**	飛行機
☑research	研究
☑show ～ around	～(人)を案内して回る
☑someday	いつか
☑**something**	何か
☑**sound**	～に聞こえる
☑**those**	あれら[それら]の
☑**train**	電車，列車
☑Here it is.	ここにあります(ね)。
☑Sounds fun.	楽しそうですね。

Steps 3

☑a kind of ～	一種の～
☑**country**	田舎，郊外，国
☑**life**	生活，人生
☑reason	理由
☑would like to ～	～したいと思う

Our Project 2

☑**learn**	学ぶ，習う
☑**lot**	たくさん
☑a lot of ～	たくさんの～
☑**speech**	演説，スピーチ
☑**teach**	教える
☑**thing**	もの，こと

Power-Up 5

☑**language**	言語，ことば
☑**mean**	意味する

ココをチェック！

☑「～があります[います]」

There is[are] ～.

☑「…はどのように～しますか」

〈How + do[does] +主語+動詞？〉

PROGRAM 8 / Steps 5

教科書 p.95~p.102

重要文

☐I'm studying now.	私は今，勉強しているところです。
☐I'm not studying now.	私は今は勉強していません。
☐Are you studying now?	あなたは今，勉強しているところですか。
— Yes, I am.	— はい，しています。
— No, I'm not.	— いいえ，していません。
☐What are you doing?	あなたは何をしているのですか。
— I'm reading a book.	— 私は本を読んでいるところです。

重要単語・表現

♪b12

PROGRAM 8 / Steps 5

☐**air**	空中，空
☐**all**	代全部，全員，すべて
	副まったく，すっかり
☐bathroom	浴室，ふろ場
☐course	〔of course で〕もちろん
☐crane	ツル
☐dad	おとうさん，パパ
☐**event**	行事，出来事
☐**feel**	感じる
☐go fishing	つりに行く
☐**help**	動助ける，手伝う
	名助け
☐in the air	空中に
☐magazine	雑誌
☐mango	マンゴー
☐mash	つぶす
☐**mom**	おかあさん，ママ
☐**need**	必要とする
☐New Year	新年
☐of course	もちろん
☐set	ひとそろい，一式
☐shower	シャワー
☐strawberry	イチゴ
☐sweet potato	サツマイモ
☐**traditional**	伝統的な
☐turn off ～	(テレビなどを)消す，止める
☐violin	バイオリン
☐**wait**	待つ
☐wipe	ふく
☐year-end	年末の
☐All right.	わかりました。
☐Can you ～?	～してもらえますか。
☐Why don't we ～?	(提案して)～しませんか。

ココをチェック！

☐「(今)～しています」(現在進行形・肯定文)

〈主語＋be 動詞(am, are, is)＋動詞の -ing 形 ～.〉

☐「(今)～していますか」(現在進行形・疑問文)

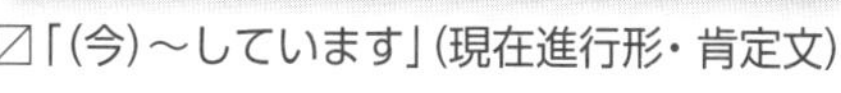
〈be 動詞(Am, Are, Is)＋主語＋動詞の -ing 形 ～?〉

☐「(今)何をしていますか」

〈What ＋現在進行形の疑問文 ?〉

PROGRAM 9 / Steps 6

教科書 p.103~p.112

重要文

☐I stayed home and watched TV.	私は家にいてテレビを見ました。
☐Ken worked a little.	健は少し働きました。
He cleaned his room.	彼は部屋を掃除しました。
☐I had a good time yesterday.	私は昨日は楽しい時を過ごしました。
☐I ate an ice cream bar,	私はアイスクリームを食べて,
and won another one.	もう1本当たりました。
☐I didn't stay home yesterday.	私は昨日は家にいませんでした。
☐Did you eat two ice cream bars?	あなたはアイスクリームを2本食べたのですか。
— Yes, I did. / No, I didn't.	— はい，食べました。/ いいえ，食べませんでした。

重要単語・表現

♪b13

PROGRAM 9 / Steps 6

☐**ago**	(今から) ~前に
☐all day	一日じゅう
☐**a.m. / p.m.**	午前 / 午後
☐**another**	もうひとつ[1人]の
☐anywhere	疑 どこかに
☐be famous for ~	~で有名である
☐beat	打ち負かす
☐**bought**	**buy**(買う)の過去形
☐**did**	助動 **do** の過去形
☐do my homework	宿題をする
☐**experience**	体験，経験
☐**found**	**find**(見つける)の過去形
☐**had**	**have** の過去形
☐invent	発明する
☐**last**	この前の
☐last night	昨夜
☐last week	先週
☐lucky	幸運な，運のよい
☐**once**	一度，一回
☐**only**	たった~だけ，ほんの~
☐**people**	人々
☐read	read(読む)の過去形
☐rise	(太陽などが)昇る
☐**stadium**	球場，競技場
☐**stay**	滞在する，泊まる
☐take a look at ~	~を(ちょっと)見る
☐tasty	おいしい
☐**took**	**take**(とる)の過去形
☐until	~まで
☐**win**	勝つ，勝ちとる
☐**won**	**win** の過去形
☐**yesterday**	昨日(は)

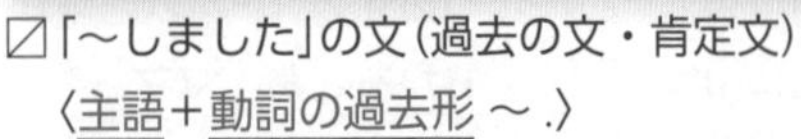

ココをチェック！

☐「~しました」の文(過去の文・肯定文)
〈主語+動詞の過去形 ~ .〉

☐「~しませんでした」の文(過去の文・否定文)
〈主語+ didn't +動詞の原形 ~ .〉

☐「~しましたか」(過去の文・疑問文)
〈Did +主語+動詞の原形 ~ ?〉

PROGRAM 10

教科書
p.113~p.123

重要文

☑I was a student 30 years ago.	私は 30 年前，生徒でした。
☑You were a student 30 years ago.	あなたは 30 年前，生徒でした。
☑I wasn't busy today.	私は今日は忙しくありませんでした。
☑Were you busy today?	あなたは今日は忙しかったですか。
— Yes, I was. /No, I wasn't.	— はい，そうでした。/ いいえ，違いました。
☑I was studying then.	私はそのとき勉強していました。
☑What were you doing then?	あなたはそのとき何をしていましたか。
— I was sleeping.	— 私は眠っていました。

重要単語・表現

♪b14

PROGRAM 10

☑**back**	(元の場所に)もどって
☑**bad**	悪い
☑broke	break(壊れる)の過去形
☑**call**	電話をかける
☑**came**	come(来る)の過去形
☑**cut**	切る〔過去形も同形〕
☑**end**	終わり，はし
☑**enough**	十分に
☑**finally**	やっと，ついに
☑**finish**	終える
☑**fly**	飛ぶ
☑**follow**	従う，ついていく，続く
☑get on ～	～に乗る
☑**idea**	考え，アイディア
☑**internet**	インターネット
☑**leg**	脚
☑**o'clock**	～時(ちょうど)
☑**program**	プログラム，番組
☑reach	着く，到着する
☑**say**	言う
☑**sleep**	眠る
☑**sleepy**	眠い
☑**start**	出発する，始める
☑**still**	まだ，今でも
☑**surprised**	驚いて
☑theater	劇場，映画館
☑this way	このようにして
☑**warm**	動 温める，温かくする 形 温かい
☑**young**	若い
☑**yourself**	あなた自身を[に]
☑yourselves	あなたがた自身を[に]
☑I'm home.	ただいま。
☑What's the matter?	どうしたのですか。

ココをチェック！

☑be 動詞の過去形

am, is → was　are → were

☑過去進行形の文

〈主語＋ was[were] ＋動詞の -ing 形〉

※否定文，疑問文の作り方は現在進行形と同じ。

Steps 7 ~ Power-Up 6

教科書 p.124~p.130

重要単語・表現

♪b15

Steps 7

☐exercise	運動する
☐test	試験，テスト
☐this morning	今朝

Our Project 3

☐creative	創造的な
☐hobby	趣味
☐lastly	最後に
☐**made**	**make**（作る）の過去形
☐performance	演技
☐powerful	力強い，強力な
☐shot	写真

Power-Up 6

☐**bye**	さようなら，じゃあね
☐**dear**	親愛なる〔Dear ～で「～さん[様]」〕
☐for now	今のところは
☐**front**	おもて面，前
☐postcard	（絵）はがき
☐sincerely	心から，誠実に
☐view	眺め，景色
☐wish	祝福のことば，願い
☐Cheers!	ごきげんよう。

最後に１年生で
習った過去形を
確認してね！

自己紹介

教 p.10～p.15

3 自己紹介のやりとりで使う表現

→チェック！(5)(6)(7)

自分のことを紹介したり，相手のことをたずねたりする言い方を覚える。

自分の名前を伝える

My name is Sato Eiji. 私の名前はサトウエイジです。
- My name is → 私の名前は～です
- Sato Eiji → 自分の名前を入れる

誕生日をたずねる

When is your birthday? あなたの誕生日はいつですか。
- When → いつ
- birthday → 誕生日

— My birthday is November 5. — 私の誕生日は 11 月 5 日です。
- November 5 → 月，日の順に言う

好きな科目をたずねる

What subject do you like? — I like music. あなたは何の科目が好きですか。— 私は音楽が好きです。
- What subject → 何の科目
- do you like → 好きですか
- music → 科目名を入れる

入りたい部活をたずねる

What club do you want to join? あなたは何の部活に参加したいですか。
- What club → 何の部活
- do you want to join → 参加したいですか

— I want to join the art club. — 私は美術部に参加したいです。
- the art club → 参加したい部活名

起きる時間をたずねる

What time do you get up? あなたは何時に起きますか。
- What time → 何時に
- do you get up → 起きますか

— I get up at six. — 私は 6 時に起きます。
- at → 時刻の前に置く
- six → 時刻を入れる

☆チェック！ (1)，(2)は小文字を大文字に，大文字を小文字にしなさい。(3)，(4)は下線部の発音が同じなら○，異なるなら×を書きなさい。(5)～(7)は(　)内から適する語句を選びなさい。

1
- □ (1) flute (　　　　　) フルート
- □ (2) QUESTION (　　　　　) 質問

2
- □ (3) b<u>a</u>seball / er<u>a</u>ser (　　) 野球 / 消しゴム
- □ (4) cl<u>o</u>ck / <u>O</u>K (　　) 時計 / 元気で

3
- □ (5) (My / I) name is Maeda Hitoshi. 私の名前はマエダヒトシです。
- □ (6) (When / What) is your birthday? あなたの誕生日はいつですか。
  — My birthday is (June 15 / 15 June). — 私の誕生日は 6 月 15 日です。
- □ (7) (When / What) subject do you like? あなたは何の科目が好きですか。
  — I like (English / math). — 私は数学が好きです。

☆チェック！の答えは次ページ

解答 p.1

テスト対策問題

テスト対策ナビ

リスニング

♪ a01

1 英文を聞いて，紹介している部活を１つ選び，記号で答えなさい。

（　　）

2 アルファベット順になるように，＿＿に大文字を書きなさい。

A B C D ＿＿ ＿＿ G H I ＿＿ K L ＿＿ ＿＿

O ＿＿ Q ＿＿ S ＿＿ U V ＿＿ X Y ＿＿

よく出る **3** アルファベット順になるように，＿＿に小文字を書きなさい。

a b c ＿＿ e f ＿＿ ＿＿ i ＿＿ k ＿＿ m n

o p ＿＿ ＿＿ s t ＿＿ v w x ＿＿ ＿＿

4 それぞれのアルファベットについて，大文字は小文字に，小文字は大文字にしなさい。

(1) I ＿＿　(2) d ＿＿　(3) Q ＿＿

(4) t ＿＿　(5) Y ＿＿　(6) k ＿＿

(7) P ＿＿　(8) n ＿＿　(9) G ＿＿

5 次の各組で，下線部の発音が同じなら○，異なるなら×を書きなさい。

(1) { <u>e</u>gg / <u>e</u>levator }（　　）　(2) { h<u>a</u>ve / m<u>a</u>ke }（　　）　(3) { l<u>i</u>ke / l<u>i</u>sten }（　　）

(4) { m<u>u</u>sic / s<u>u</u>mmer }（　　）　(5) { d<u>o</u> / <u>o</u>pen }（　　）

2 アルファベットの大文字
大文字はすべて基本線（上から３番目の線）の上２つに書く。

3 アルファベットの小文字
小文字は書く位置と大きさに注意する。

ミス注意！
（基本線の下に出る）地下１階つきの小文字
g j p q y

4 アルファベットの大文字と小文字

ミス注意！
似ている文字に注意
・大文字の I と小文字の l
・小文字の b と d
・小文字の p と q

5 つづり字と発音
母音文字は，単語の中でアルファベットの読み方と同じ発音をするものと，異なる発音をするものがある。

p.3 答　(1) FLUTE　(2) question　(3) ○　(4) ×　(5) My　(6) When / June 15　(7) What / math

6 次の単語を［　］に書き，表す絵を下から選び，記号で答えなさい。

(1) lip (　　)　(2) three (　　)　(3) read (　　)

(4) baseball (　　)　(5) volleyball (　　)　(6) fish (　　)

ア	イ	ウ	エ
オ	カ	キ	ク

7 次のようなとき，先生が言う英文を下から選び，記号で答えなさい。

(1) 自分のあとに続けてくり返してほしいとき。 (　　)

(2) 自分の言うことを聞いてほしいとき。 (　　)

(3) 黒板を見てほしいとき。 (　　)

(4) 「英語の授業を始めましょう。」と言うとき。 (　　)

ア Let's start our English lesson.
イ Repeat after me.　ウ Look at the board.
エ Listen to me.

8 次の質問に適する答えを下から選び，記号で答えなさい。

(1) What sport do you like? (　　)

(2) When is your birthday? (　　)

(3) Can you cook beefsteak? (　　)

(4) What color do you like? (　　)

(5) Do you have sisters? (　　)

ア My birthday is March 12.
イ I like yellow.　ウ Yes, I do.
エ I like soccer.　オ No, I can't.

6 日本語にはない発音
r, l, f, v, th のつづり字は日本語にはない発音（th は 2 種類）なので注意する。

7 教室で使う英語
ア「英語の授業を始めましょう。」授業の最初に言う。
イ「私のあとにくり返してください。」
ウ「黒板を見てください。」
エ「私の言うことを聞いてください。」

8 自己紹介のやりとり
(1)「あなたは何のスポーツが好きですか。」
(2)「あなたの誕生日はいつですか。」
(3)「あなたはビーフステーキを作ることができますか。」
(4)「あなたは何色が好きですか。」
(5)「あなたには姉妹がいますか。」

テストに出る!
予想問題 Get Ready ～ PROGRAM 0
中学校英語をはじめよう ～ アルファベットを確かめよう

30分

/100点

1 (1), (2)の英語を聞いて，その内容にあう絵を1つずつ選び，記号で答えなさい。 a02

4点×2〔8点〕

(1) (　　) (2) (　　)

2 英文を聞いて，ユウタができることには○を，できないことには×をつけなさい。 a03

4点×4〔16点〕

(1) (2) (3) (4)

(1) (　　) (2) (　　) (3) (　　) (4) (　　)

3 それぞれのアルファベットがペアになるように，左と右の大文字と小文字を線でつなぎなさい。

4点×2〔8点〕

(1) L ・　・ i　(2) P ・　・ m
B ・　・ d　Q ・　・ q
D ・　・ l　N ・　・ n
I ・　・ b　M ・　・ p

4 次の文字をアルファベット順に並べかえて書きなさい。

4点×4〔16点〕

(1) IKJH ________　(2) USTV ________

(3) ecbfd ________　(4) rqpso ________

5 次の各組の単語で，下線部の単語の中の発音が，アルファベットの1文字のときの発音と同じものをそれぞれ選び，記号で答えなさい。

4点×4〔16点〕

(1) ア apron　イ apple　(　　)
(2) ア Italy　イ China　(　　)
(3) ア umbrella　イ uniform　(　　)
(4) ア nose　イ omelet　(　　)

6 次のものの名前を，下の□内から選んで書きなさい。 4点×4〔16点〕

(1) (2) (3) (4)

ant desk window eraser

7 次のようなとき，英語でどのように言いますか。下の□内から適するものを選んで書きなさい。 4点×4〔16点〕

(1) 相手に，バレーボールをすることができるかとたずねるとき。

ミス注意! (2) 相手に，どこの出身かをたずねるとき。

(3) 相手に，何時に朝食を食べるかをたずねるとき。

(4) 相手に，何になりたいと思うかをたずねるとき。

What time do you eat breakfast?
Where are you from?
What do you want to be?
Can you play volleyball?

8 自分が行ってみたい国を下の□内から選び，I want to go to に続けて書きなさい。〔4点〕

Canada Spain France Korea China the U.S. Italy

友だちを作ろう ～ 数の言い方

テストに出る！ ココが要点＆チェック！

be 動詞の文

教 p.21～p.27

1 肯定文（ふつうの文）「私は［あなたは］～です。」

(1)

「私は～です。」は I am ～. で，「あなたは～です。」は You are ～. で表す。「～です」を表す語を be 動詞といい，I には am，you には are など，主語によって使い分ける。

I'm Ami.　私はアミです。
→私は～です　① I は常に大文字　② I'm は I am の短縮形。I'm の(')はアポストロフィーといい，文字を省略するときに使う。

（主語）You （動詞）are Ami.　あなたはアミです。
→あなたは～です　you are の短縮形は you're

be 動詞の使い方

- be 動詞の文では，上の文の場合は I ＝ Ami，You ＝ Ami の関係になる。
- be 動詞の文で職業や出身地，性格なども表すことができる。

You are a teacher.　あなたは先生です。〈職業〉
I'm from Aomori.　私は青森出身です。〈出身地〉（be from ～で「～出身です」）

2 否定文（否定する文）「私は［あなたは］～ではありません。」

(2)

「私は［あなたは］～ではありません。」と言うときは，be 動詞のうしろに not を置く。

肯定文　I'm Ami.　私はアミです。

⇩

I'm not Ami.　私はアミではありません。
→be 動詞のあとに not を置く。am not は短縮できない　×amn't

否定文　You are not Ami.　あなたはアミではありません。
→are not の短縮形は aren't

3 疑問文（たずねる文）「あなたは～ですか。」

(3)

「あなたは～ですか。」とたずねるときは，Are you ～? で表す。答えるときは，Yes, I am. または No, I am not. の形で答える。

肯定文　You are from the U.S.　あなたアメリカ合衆国出身です。

⇩

疑問文　Are you from the U.S.?　あなたはアメリカ合衆国出身ですか。
→be 動詞を主語の前に出す　→文末に ?（クエスチョンマーク）をつける

— Yes, I am. / No, I'm not.　はい，そうです。/ いいえ，違います。
→be 動詞を使って答える

「どこ」とたずねる文

教 p.21～p.27

4 「どこですか。」

(4)

「どこですか。」と場所をたずねるときは where を使う。where は文頭に置き，where のあとは疑問文の語順にする。

疑問文　Are you from New Zealand?　あなたはニュージーランド出身ですか。

⇩

where の疑問文　Where are you from?　あなたはどこの出身ですか。

文の最初に（Where）　疑問文の語順にする（are you from）

— I'm from New Zealand.　— 私はニュージーランドの出身です。

→yes，no ではなく場所を答える

数の言い方

教 p.28

5 年齢

(5)

「私は～歳です。」と年齢を言うときは，〈I'm + 数字.〉で表す。

I'm 13. You are 13 too.　私は 13 歳です。あなたも 13 歳です。

→読み方　thirteen

6 電話番号

(6)

電話番号を言うときは数字を 1 つずつ読む。0 は oh［オウ］または zero［ズィロウ］と読む。

Your phone number, please. — 4157-8096.　電話番号を教えてください。— 4157-8096 です。

→読み方　four one five seven, eight oh nine six

7 値段

(7)

ものの値段を言うときはあとに yen などの単位をつける。

2,150 yen　→読み方　two thousand one hundred (and) fifty yen

63,000 yen　→sixty-three thousand yen

1 dollar　→one dollar

☆チェック！　(1)～(4)は（　）内から適する語句を選びなさい。(5)～(7)は数字の正しい読み方を選びなさい。

1 □ (1) I (am / are) Yuki.　私はユキです。

2 □ (2) I'm (no / not) a superman.　私はスーパーマンではありません。

3 □ (3) (Am / Are) you Kazuki?　あなたはカズキですか。

— No, (I'm not / I am).　— いいえ，違います。

4 □ (4) Where (you are / are you) from?　あなたはどこの出身ですか。

5 □ (5) I'm 14 (fourteen / forty).　私は 14 歳です。

6 □ (6) 3120-9876　(three one two oh, nine eight seven six / three thousand one hundred twenty, nine thousand eight hundred seventy-six)　3120-9876（電話番号）

7 □ (7) 850 yen　(eight five oh yen / eight hundred fifty yen)　850 円

☆チェック！の答えは次ページ

解答 p.2

テスト対策問題

リスニング

♪ a04

1 英語を聞いて，正しいものを１つずつ選び，記号で答えなさい。

(1) ア I'm 15. イ I'm 16.
ウ I'm 50. (　　)

(2) ア 42,000 yen イ 40,230 yen
ウ 4,230 yen (　　)

2 (1)～(6)は単語の意味を書きなさい。(7), (8)は日本語を英語にしなさい。

(1) problem (　　)　(2) talk (　　)
(3) just (　　)　(4) king (　　)
(5) active (　　)　(6) friendly (　　)
(7) 生徒 ＿＿＿＿　(8) ほんとうに ＿＿＿＿

よく出る **3** 次の日本文にあうように，＿＿に適する語を書きなさい。

(1) 私はアメリカ合衆国出身です。
I'm ＿＿＿＿ the U.S.

(2) 私は公園に行きたいです。
I ＿＿＿＿ ＿＿＿＿ go to the park.

(3) 話してくれてありがとう。
Thanks ＿＿＿＿ talking.

4 次の文を(　)内の指示にしたがって書きかえるとき，＿＿に適する語を書きなさい。

(1) I am from Yokohama.（下線部を You にかえて）
You ＿＿＿＿ from Yokohama.

ミス注意! (2) You are Maki.（疑問文にして，Yes で答える文も）
＿＿＿＿ ＿＿＿＿ Maki?
— Yes, I ＿＿＿＿.

テスト対策ナビ

2 重要単語
(1) No problem. で「どういたしまして。問題ありません。」。
(6)名詞は friend。

3 重要表現
(1) U.S. は the をつけて「アメリカ合衆国」の意味。
(2)「～したい。」の表現を使う。

4 be 動詞の文
(1) I am from ～. で「私は～出身です」。
(2) You are ～. で「あなたは～です。」の意味。

ポイント
「あなたは～ですか。」とたずねるときは，Are you ～? の文を使う。
答えるとき，主語は「私は～」となる。

p.9 答 (1) am (2) not (3) Are / I'm not (4) are you (5) fourteen (6) three one two oh, nine eight seven six (7) eight hundred fifty yen

5 次の対話文を読んで，あとの問いに答えなさい。

Mao: Nice to meet you.
Daniel: ① Nice to meet you (　　　). I'm in 1-B.
Mao: Me too. ② [from / I'm / Mirai City / not].
Daniel: ③ You're just like me.

(1) 下線部①が「こちらこそお会いできてうれしいです。」という意味になるように，(　)に適する語を書きなさい。

ミス注意! (2) 下線部②が「私はみらいシティの出身ではありません。」という意味になるように，[　]内の語句を並べかえなさい。

(3) 下線部③を２語で書きなさい。

6 次の対話が成り立つように，＿＿に適する語を書きなさい。

Saki: (1) ＿＿＿＿ you from Aichi?
Nao: (2) ＿＿＿＿, I'm not.
Saki: (3) ＿＿＿＿ are you from?
Nao: I'm from Okayama.

7 次の日本文を英語になおしなさい。

(1) 私は新入生です。　(４語で)

ミス注意! (2) 私は天使ではありません。　(４語で)

ミス注意! (3) あなたは野球のファンですか。―はい，そうです。

―

5 本文の理解

(1)「～もまた」という意味の語を使う。

(2)否定文は be 動詞のあとに not を置く。

(3) you're は短縮形。

6 「どこ」とたずねる文

(3)出身地をたずねるときに使う疑問文にする。

7 英作文

ミス注意!
a と an
・数えられる名詞の前には a をつける。
・数えられる名詞で，母音(ア・イ・ウ・エ・オに似た音)で始まる場合は an をつける。

(3)「あなたは～ですか。」とたずねる文は are を前に出す。答えるときは I「私は」を主語にする。「野球のファン」は a baseball fan。

解答 p.3

テストに出る！
予想問題

PROGRAM 1 ～ Word Web 1
友だちを作ろう ～ 数の言い方

30分

/100点

1 対話を聞いて，その内容にあう絵を１つ選び，記号で答えなさい。 ♪ a05 〔6点〕

(　　　)

2 次の日本文にあうように，＿＿に適する語を書きなさい。 5点×3〔15点〕

よく出る (1) お会いできてうれしいです。

＿＿＿＿ to meet ＿＿＿＿.

ミス注意！ (2) あなたはまさに私のようです。

You're ＿＿＿＿ ＿＿＿＿ me.

(3) 私は１年Ｃ組です。

I'm ＿＿＿＿ 1-C.

ミス注意！ **3** 次の英語の意味を表すように，(　)に適する数字を書きなさい。 5点×5〔25点〕

(1) I'm thirteen. 私は(　　　　)歳です。

(2) twenty-seven thousand yen (　　　　)円

(3) You are forty. あなたは(　　　　)歳です。

(4) Your phone number, please. あなたの電話番号を教えてください。

— Two five eight oh, three seven six one. (　　　　　　)です。

(5) five thousand four hundred twenty dollars (　　　　　　)ドル

4 〔　〕内の語を並べかえて，日本文にあう英文を書きなさい。 6点×2〔12点〕

よく出る (1) 私もサッカーのファンです。 [too / I / fan / a / soccer / am].

(2) あなたはとても明るいです。 [so / you / cheerful / are].

5 次の対話文を読んで，あとの問いに答えなさい。 〔15点〕

Emily:	①I want to go to the gym.
Ken:	I see. ②(　　　) go.
Emily:	Thanks. You're so helpful.
Ken:	No problem. Where are you from?
Emily:	③I'm from australia

(1) 下線部①を日本語になおしなさい。 〈5点〉

(　　　　　　　　　　　　　　　　　　　　)

(2) 下線部②が「行きましょう。」という意味になるように，□に適する語を書きなさい。 〈4点〉

よく出る (3) 下線部③の英文を，語順はそのままで，違っている箇所を正しくなおして書きなさい。 〈6点〉

6 次の文を(　)内の指示にしたがって書きかえなさい。 5点×3〔15点〕

(1) I am a new student. (下線部を You にかえて)

(2) I am a king. (4 語の否定文に)

ミス注意! (3) I'm from the U.S. (下線部が答えの中心となる疑問文に)

7 次の日本文を英語になおしなさい。 6点×2〔12点〕

(1) あなたは長野(Nagano)の出身ですか。

(2) [(1)に答えて] いいえ，違います。私は沖縄(Okinawa)の出身です。

1-B の生徒たち ～ アクションコーナー

テストに出る！ ココが要点&チェック！

一般動詞の文

教 p.29～p.35

1 肯定文(ふつうの文)「～します。」

→★(1)

動作や思いなどを表すときは，一般動詞を使い，〈主語＋一般動詞 ～.〉の形で表す。一般動詞のあとには，ふつう「～を」「～に」などを表す目的語を置く。

肯定文 I have a banana. 私はバナナを持っています。

主語 一般動詞 目的語 ～を

be 動詞と一般動詞は 1 つの文の中で同時に使用しない！

一般動詞の例

watch(見る)	read(読む)	cook(料理する)
make(作る)	clean(掃除する)	use(使う) など

2 否定文(否定する文)「～しません。」

→★(2)

「～しません。」と否定するときは，一般動詞の前に do not[短縮形は don't]を置く。

否定文 I don't have a banana. 私はバナナを持っていません。

→一般動詞の前に置く

3 疑問文(たずねる文)「～しますか。」

→★(3)

「あなたは～しますか。」とたずねるときは，主語の前に Do を置いて Do you ～? で表す。答えるときは，主語を I にかえて，Yes, I do. または No, I don't. と答える。

疑問文 Do you often climb mountains? あなたはしばしば山に登りますか。

主語の前に

→クエスチョンマークをつける

— Yes, I do. / No, I don't. — はい，登ります。/ いいえ，登りません。

→答えるときも do を使う

名詞の複数形，a と an

教 p.29～p.35

4 名詞の単数形と複数形

→★(4)

数えられる名詞が 1 つ[1 人]のときは，名詞の前に a または an をつける(単数形)。また，数えられる名詞が 2 つ[2 人]以上のときは，語尾に -(e)s をつけて名詞を複数形にする。

単数形 I eat a banana. 私はバナナを 1 本食べます。

→「1 つの」を表す

I eat an apple. 私はリンゴを 1 個食べます。

→発音が母音(ア・イ・ウ・エ・オに似た音)で始まる名詞の前

複数形 I eat three apples. 私はリンゴを 3 個食べます。

→複数を表すときは名詞の語尾に -s か -es をつける

「いつ」とたずねる文

教 p.29～p.35

5 「いつ～しますか。」

チェック! (5)

「いつ～しますか。」と時をたずねるときは，〈When＋一般動詞の疑問文 ?〉の形で表す。答えるときは，Yes や No ではなく，具体的な「時」を答える。

When do you climb mountains? — On weekends.　あなたはいつ山に登りますか。— 週末です。

→文の初めに　→疑問文の語順　→具体的な時を答える

曜日，天気をたずねる文

教 p.36

6 曜日をたずねる文

チェック! (6)

「何曜日ですか。」とたずねるときは，What day を文頭に置いた疑問文で表す。

What day is it today? — It's Monday.　今日は何曜日ですか。— 月曜日です。

曜日を表す文の主語は it(訳さない)

What day of the week is it today? — It's Thursday.

今日は何曜日ですか。— 木曜日です。

7 天気をたずねる文

チェック! (7)

「天気はどうですか。」とたずねるときは，How's the weather? で表す。

How's the weather today? — It's sunny.　今日の天気はどうですか。— 晴れです。

→How は「どのような」，How's は How is の短縮形　→天気を表す文の主語は it(訳さない)

命令文

教 p.38

8 「～しなさい。」「～してはいけません。」

チェック! (8)

「～しなさい。」と命令するときは，動詞で文を始める。また，「～してはいけません。」と禁止を表すときは〈Don't＋動詞～.〉で表す。命令文には主語はつけない。

Open your book.　あなたの本を開きなさい。　**Don't watch** TV.　テレビを見てはいけません。

→動詞で始める　動詞の前←　→動詞

☆チェック! 日本文にあうように，(　)内から適する語句を選びなさい。

1 □ (1) I (am / like) sports.　私はスポーツが好きです。

2 □ (2) You (don't / aren't) have a piano.　あなたはピアノを持っていません。

3 □ (3) (Do / Are) you like animals?　あなたは動物が好きですか。
　— Yes, I (do / am).　はい，好きです。

4 □ (4) I have two (dogs / dog).　私はイヌを2匹飼っています。

5 □ (5) (Where / When) do you play soccer?　あなたはいつサッカーをしますか。

6 □ (6) (What / How) day is it today?　今日は何曜日ですか。

7 □ (7) (What's / How's) the weather today?　今日の天気はどうですか。

8 □ (8) (Study / You study) English.　英語を勉強しなさい。

☆チェック! の答えは次ページ

解答 p.4

テスト対策問題

リスニング

♪ a06

1 (1), (2)の絵について，それぞれア～ウの英文を聞いて，絵の内容とあっているものを1つずつ選び，記号で答えなさい。

(1) (　　　)

(2)

(　　　)

2 (1)～(4)は単語の意味を書きなさい。(5), (6)は日本語を英語にしなさい。

(1) grow (　　　　)　(2) before (　　　　)

(3) draw (　　　　)　(4) night (　　　　)

(5) ～のあとに ______　(6) 明日(は) ______

2 重要単語
(2)と(5)は反対の意味を表す前置詞。

よく出る **3** 次の日本文にあうように，______に適する語を書きなさい。

(1) 今日は何曜日ですか。

What day ______ the ______ is it today?

(2) 今日は雨です。

______ ______ today.

(3) 私はネコがとても好きです。

I like cats ______ ______.

3 重要表現
(1)曜日をたずねる言い方。この文での it は「それ」とは訳さない。
(2)天気を表すときは主語に it を使う。この it も「それ」とは訳さない。

ミス注意！ **4** 次の文を(　)内の指示にしたがって書きかえなさい。

(1) You speak Japanese.　(否定文に，短縮形を使って)

______

(2) You like sports.　(疑問文に)

______

(3) You play tennis <u>on Tuesdays</u>.　(下線部をたずねる文に)

______

4 一般動詞，when の文

ミス注意！
1つの文の中で，be 動詞と一般動詞がいっしょに使われることはない。

ポイント
一般動詞の否定文
動詞の前に don't[do not]を置く。
一般動詞の疑問文
主語の前に do を置く。

p.15 答　(1) like　(2) don't　(3) Do / do　(4) dogs　(5) When　(6) What　(7) How's　(8) Study

5 次の対話文を読んで，あとの問いに答えなさい。

Mao:	I draw pictures every day.
Daniel:	Every day! ①I don't draw pictures.
Mao:	Really? Look at ②(I)notebooks!
Daniel:	Wow, flip books! ③〔 great / a / you're / artist 〕.

(1) 下線部①を日本語になおしなさい。
(　　　　　　　　　　　　　　　　　　)

(2) ②の( )内の語を適切な形になおしなさい。

ミス注意！(3) 下線部③が「あなたはすばらしい芸術家です。」という意味になるように，〔 〕内の語を並べかえなさい。

6 次の名詞の複数形を書きなさい。

(1) girl　(2) box
(3) book　(4) watch
(5) game　(6) library

7 次の日本文を英語になおしなさい。

(1) あなたも牛乳を飲みますか。

(2) 私は３つ質問があります。

(3) あなたはいつ英語を勉強しますか。

(4) 手を洗いなさい。

5 本文の理解

(1)否定文。

(2)「私の」を表す語。

(3) a を入れる位置に注意する。

6 名詞の複数形

おぼえよう！
① -s をつける
dog → dogs
② -es をつける
class → classes
③ y を i にかえて -es をつける
city → cities

7 英作文

(1)「～も」を表すときは文の終わりに too をつける。
(2)「質問」は数えられる名詞。「3つ」と複数を表すので，複数形にする。
(3)「いつ」で文を始め，疑問文の形を続ける。
(4)命令文は動詞で始める。「洗う」は wash。この場合は「あなたの手を洗いなさい。」と表現する。

 解答 p.5

テストに出る！
予想問題

PROGRAM 2 ～ アクションコーナー
1-B の生徒たち ～ アクションコーナー

30分 /100点

1 対話を聞いて，その内容にあう絵を１つ選び，記号で答えなさい。 a07 〔5点〕

(　　)

2 対話と質問を聞いて，その答えとして適するものを１つ選び，記号で答えなさい。 a08 〔5点〕

ア It's Sunday.　　イ It's Wednesday.
ウ It's Friday.　　エ It's Saturday.

(　　)

よく出る **3** 次の対話が成り立つように，＿＿に適する語を書きなさい。 5点×3〔15点〕

(1) Do you like apples? — No, ＿＿＿ ＿＿＿.

(2) ＿＿＿ do you make lunch?

— I make lunch ＿＿＿ Sundays.

ミス注意！ (3) ＿＿＿ the weather today? — ＿＿＿ rainy.

4 〔　〕内の語句を並べかえて，日本文にあう英文を書きなさい。 6点×4〔24点〕

(1) ここでサッカーをしてはいけません。 〔 here / don't / soccer / play 〕.

(2) 私は放課後，泳ぎます。 〔 after / swim / I / school 〕.

(3) あなたは夕食のあと，ふろに入りますか。〔 dinner / you / do / after / take a bath 〕?

(4) あなたはいつテレビを見ますか。 〔 you / watch / when / TV / do 〕?

5 次の対話文を読んで，あとの問いに答えなさい。 〔14点〕

Daniel: ① When do you play basketball?
Emily: ② (　　　) lunch break.
Daniel: I play basketball too.
Emily: ③ [together / let's / you / tomorrow / play].
Daniel: Yes, let's.

(1) 下線部①を日本語になおしなさい。 〈5点〉
(　　　　　　　　　　　　　　　　　　　　　　　　　　　　　　　)

よく出る (2) 下線部②が「昼休みの間に。」という意味になるように，　　に適する語を書きなさい。 〈3点〉

ミス注意！ (3) 下線部③が「明日，いっしょにやりましょう。」という意味になるように，[　]内の語を並べかえなさい。ただし，不要な語が１語含まれている。 〈6点〉

6 次の文を(　)内の指示にしたがって書きかえなさい。 7点×3〔21点〕

ミス注意！ (1) I have a box.（下線部を four にかえて）

(2) You like *takoyaki*.（否定文に，短縮形を使って）

ややや難 (3) I clean my room in the morning.（下線部が答えの中心となる疑問文に）

7 次の日本文を英語になおしなさい。 8点×2〔16点〕

(1) この本を読んではいけません。

(2) あなたはネコを５匹飼っていますか。

PROGRAM 3

タレントショーを開こう

テストに出る！ ココが要点&チェック！

助動詞 can

教 p.39～p.45

1 肯定文「～することができます。」

➡チェック！★(1)(2)

「～することができます。」と言うときは，動詞の前に can を置いて表す。can のように動詞の前に置いて，その動詞に意味をつけ加える働きをする語を助動詞という。

I make *sushi*. 私はすしを作ります。

⇩

I can make *sushi*. 私はすしを作ることができます。

└► 動詞の前に置く，主語にかかわらず同じ形

You can speak English. あなたは英語を話すことができます。

Taku can sing well. タクはじょうずに歌うことができます。

2 否定文「～することができません。」

➡チェック！★(3)(4)

「～することができません。」と言うときは，動詞の前に can't を置いて表す。ふつう文中では，can は短く弱く発音するが，can't は強めに発音する。

肯定文 I can make *sushi*. 私はすしを作ることができます。

否定文 I can't make *sushi*. 私はすしを作ることができません。

└► 動詞の前に置く。cannot としてもよい

You can't[cannot] speak English. あなたは英語を話すことができません。

Taku can't[cannot] sing well. タクはじょうずに歌うことができません。

3 疑問文「～することができますか。」

➡チェック！★(5)(6)

「～することができますか。」と言うときは，〈Can＋主語＋動詞 ～?〉の形で表す。答えるときは〈Yes, 主語＋can.〉または〈No, 主語＋can't.〉で表す。

肯定文 I can make *sushi*. 私はすしを作ることができます。

⇩

疑問文 Can you make *sushi*? あなたはすしを作ることができますか。

└► can を主語の前に出す

—Yes, I can. / No, I can't. —はい，できます。/ いいえ，できません。

└► 答えるときも can を使う

Can Taku sing well? タクはじょうずに歌うことができますか。

—Yes, he can. / No, he can't. —はい，できます。/ いいえ，できません。

「何を」とたずねる文

教 p.39～p.45

4 「何を～しますか。」「何を～できますか。」

→チェック!★(7)(8)(9)

「あなたは何を～しますか。」とたずねるときは，〈What do you＋一般動詞 ～?〉の形で表す。答えるときは，Yes や No ではなく，「私は～します。」〈I＋一般動詞 ～.〉と答える。

疑問文 What do you often watch on TV? (↘)　あなたはテレビでしばしば何を見ますか。
└►文の最初に　└►一般動詞の疑問文の語順　└►疑問詞のある疑問文は文末を下げて読む

答え方 — I watch *Doraemon* on TV.　— 私はテレビでドラえもんを見ます。
①一般動詞の文で答える◄┘　└►②「何を」の答え

「何を～することができますか。」とたずねるときは，〈What can＋主語＋一般動詞 ～?〉の形で表す。答えるときは，「…は～することができます。」〈主語＋can＋一般動詞 ～.〉と答える。

疑問文 What can you make? (↘)　あなたは何を作ることができますか。
└►What のあとに can の疑問文を置くこともできる。文末を下げて読む

答え方 — I can make *ramen*.　— 私はラーメンを作ることができます。
can を使って答える◄┘　└►「何を」の答え

疑問詞を使った文

- what(何を)，where(どこに)，when(いつ)などを疑問詞という。
- 疑問詞を使った疑問文は，ふつう文末を下げて読む(↘)。
- 答えるときは Yes や No ではなく，問われている内容を具体的に答える。

☆チェック! 日本文にあうように，(　)内から適する語句または文を選びなさい。

1
- □ (1) I (can / am) play baseball.　私は野球をすることができます。
- □ (2) You (are / can) cook dinner.　あなたは夕食を作ることができます。

2
- □ (3) I (can't / don't) write *kanji*.　私は漢字を書くことができません。
- □ (4) Mary (can / can't) sing well.　メアリーはじょうずに歌うことができません。

3
- □ (5) (Do / Can) you play the piano?　あなたはピアノをひくことができますか。
  — Yes, (you / I) can.　— はい，できます。
- □ (6) (Can Naoto / Is Naoto) cook curry?　ナオトはカレーを料理することができますか。
  — No, he (can / can't).　— いいえ，できません。

4
- □ (7) What (do / are) you study after school?　あなたは放課後，何を勉強しますか。
  — (No, I don't. / I study English.)　— 私は英語を勉強します。
- □ (8) What (do / can) you draw?　あなたは何を描くことができますか。
  — (I can draw / I draw) *Kumamon*.　— 私はくまもんを描くことができます。
- □ (9) (What / When) do you like?　あなたは何が好きですか。
  — (Yes, I do. / I like sports.)　— 私はスポーツが好きです。

☆チェック! の答えは次ページ

解答 p.6

テスト対策問題

テスト対策ナビ

リスニング

♪ a09

1 対話と質問を聞いて，その内容にあう絵を１つ選び，記号で答えなさい。

(　　　)

2 (1)〜(6)は単語の意味を書きなさい。(7)〜(10)は日本語を英語にしなさい。

(1) uncle (　　　　)　(2) cousin (　　　　)
(3) perform (　　　　)　(4) classmate (　　　　)
(5) change (　　　　)　(6) catch (　　　　)
(7) それでは ＿＿＿＿　(8) 何か，いくつか ＿＿＿＿
(9) 彼らの ＿＿＿＿　(10) 守る ＿＿＿＿

よく出る **3** 次の日本文にあうように，＿＿に適する語を書きなさい。

(1) ショーを楽しみましょう。
Let's ＿＿＿＿ fun ＿＿＿＿ the show.

(2) あなたは家族とすばらしい時を過ごしていますか。
Do you have a great ＿＿＿＿ ＿＿＿＿ your family?

(3) 私はよくテレビで映画を見ます。
I often watch movies ＿＿＿＿ ＿＿＿＿.

(4) あなたはその秘密を守ることができますか。
Can you ＿＿＿＿ the ＿＿＿＿?

4 次の文を(　)内の指示にしたがって書きかえるとき，＿＿に適する語を書きなさい。

(1) I play tennis. （「〜できます」という意味を加えて）
I ＿＿＿＿ ＿＿＿＿ tennis.

(2) You swim in the river. （「〜できます」という意味を加えて）
You ＿＿＿＿ ＿＿＿＿ in the river.

ミス注意! (3) I eat fish. （「〜できません」という意味を加えて）
I ＿＿＿＿ ＿＿＿＿ fish.

(4) You can run fast. （否定文に）
You ＿＿＿＿ ＿＿＿＿ fast.

2 重要単語
(1)対の意味の語はaunt。
(8)この意味では疑問文の中で使う。

3 重要表現
(1)「〜を楽しむ」は1語ではenjoy。
(3)「テレビで」はTVの前に前置詞を置く。
(4)「守る」はkeepを使う。

4 「〜できる」「〜できない」
「〜できる」を表すcanのあとに動詞を置く。

ミス注意!
canを否定形にするとき，can notという形は使わない。cannotまたはcan'tを使う。

p.21 答　(1) can　(2) can　(3) can't　(4) can't　(5) Can / I　(6) Can Naoto / can't　(7) do / I study English.
(8) can / I can draw　(9) What / I like sports.

5 次の対話文を読んで，あとの問いに答えなさい。

Ken: ① Let's (　　) a talent show.
Emily: ② I can play the guitar well.
Ken: ③ I (　　) play the guitar. But I can sing well.

(1) 下線部①が「タレントショーを開きましょう。」という意味になるように，(　)に適する語を書きなさい。 ＿＿＿＿

(2) 下線部②を日本語になおしなさい。
(　　　　　　　　　　)

(3) 下線部③が「私はギターをじょうずにひくことができません。」という意味になるように，(　)に適する語を書きなさい。
＿＿＿＿

5 本文の理解
(1)「持つ」のほか，「過ごす」「いる」「ある」「食べる」「飲む」「開催する」などいろいろな意味をもつ単語。
(3)「〜することができません。」を表す語を入れる。

6 次の対話が成り立つように，＿＿に適する語を書きなさい。

(1) Can you speak English?
— No, ＿＿＿＿ ＿＿＿＿.
But I ＿＿＿＿ speak Japanese.

(2) Can you ride a bike, Tom?
— Yes, ＿＿＿＿ ＿＿＿＿.

(3) ＿＿＿＿ the dog catch a ball?
No, it ＿＿＿＿.

6 「〜できますか。」

ポイント
can の疑問文
〈Can＋主語＋動詞〜？〉，答えるときも can を使う。

7 次の文を，それぞれ下線部が答えの中心となる疑問文に書きかえるとき，＿＿に適する語を書きなさい。

(1) I play soccer on Sundays.
＿＿＿＿ ＿＿＿＿ you play on Sundays?

(2) My dog can swim and jump.
＿＿＿＿ ＿＿＿＿ your dog do?

(3) She can make *yakiudon*.
＿＿＿＿ ＿＿＿＿ she make?

7 「何を〜しますか。」

ポイント
文の最初に What を置き，そのあとは一般動詞の疑問文の語順にする。「何を〜できますか。」と言うときは，What のあとを can の疑問文にする。

8 次の日本文を英語になおしなさい。

(1) コアラ(koalas)は木から木へ歩くことができます。
＿＿＿＿＿＿＿＿＿＿＿＿

(2) あなたは何を歌うことができますか。
＿＿＿＿＿＿＿＿＿＿＿＿

8 英作文
(1)「〜から〜へ」を表す連語を使う。
(2)What で始める。「〜できますか。」は can を使った疑問文。

解答 p.7

PROGRAM 3
タレントショーを開こう

30分　/100点

1 対話を聞いて，その内容にあう絵を１つ選び，記号で答えなさい。　♪ a10　〔5点〕

(　　)

2 マキが書いた英文と(1)，(2)の質問を聞いて，その答えとして適するものを１つずつ選び，記号で答えなさい。　♪ a11　3点×2〔6点〕

(1) ア She can draw pictures.　イ She can play the guitar.
ウ She can play the piano.　(　　)

(2) ア Yes, she can.　イ No, she can't.
ウ She can't make *ramen*.　(　　)

よく出る **3** 次の文を(　)内の指示にしたがって書きかえなさい。　5点×5〔25点〕

(1) I want a new notebook.（下線部が答えの中心となる疑問文に）

____

(2) I make a delicious cake.（「～することができる」という意味の文に）

____

(3) My cousin can read English books.（否定文に）

____

ミス注意！ (4) Nana can see a tiger.（下線部をたずねる文に）

____

(5) Do you sing well?（「～することができますか」という意味の文に）

____

4 次の対話が成り立つように，____に適する語を書きなさい。　3点×3〔9点〕

(1) ________ you dribble the ball?
— Yes, I can.

(2) Can your sister ________ the guitar well?
— No, ________ ________.

ミス注意！ (3) ________ can he make?
— He ________ make *sushi*.

5 次の対話文を読んで，あとの問いに答えなさい。 〔20点〕

Daniel: ① [EBIKEN / dance / like / let's].
Can you dance?
Mao: ② Yes, ( )( ).
Daniel: ③ ( ) can you dance?
Mao: ④ I can do *bon* dance.

ミス注意! (1) 下線部①が「エビケンのように踊りましょう。」という意味になるように，[ ]内の語を並べかえなさい。 〈6点〉

(2) 下線部②の( )に適する語を書きなさい。 〈4点〉
(3) 下線部③の( )に適する語を書きなさい。 〈4点〉
(4) 下線部④を do の内容を明らかにして，日本語になおしなさい。 〈6点〉
( )

6 [ ]内の語を並べかえて，日本文にあう英文を書きなさい。 5点×4〔20点〕
(1) 私は自分の部屋を掃除することができます。
[my / I / room / clean / can].

(2) あなたはいっしょにテニスの練習をすることができますか。
[you / tennis / can / together / practice]?

(3) あなたは日曜日に何をしますか。
[do / on / what / you / do / Sundays]?

(4) ケイトは日本で何を勉強することができますか。
[in / Kate / what / Japan / can / study]?

ミス注意! **7** 次の日本文を英語になおしなさい。 5点×3〔15点〕
(1) あなたはじょうずに跳ぶ[ジャンプする]ことができますか。

(2) あなたは何がほしいですか。

(3) [(2)に答えて] 私はイヌが1匹ほしいです。

Steps 2 ～ Power-Up 1

考えを整理し，表現しよう ～ ハンバーガーショップへ行こう

テストに出る! ココが要点&チェック!

ハンバーガーショップなどでよく使う表現

教 p.52

1 店内で食べるか，持ち帰るかのたずね方

 (1)(2)

ファストフード店などで，店員がお客さんに，「店内で食べるか，持ち帰るか」をたずねるときは，For here or to go? と言う。

→「それとも」「または」

店員 For here **or** to go?　ここで召し上がりますか，それともお持ち帰りですか。

→ていねいな言い方

客 — For here, **please**.　— ここで食べます。

→どちらかと聞かれているので，どちらかを答える

★会話文では上記のように，主語・動詞が省略されることもある。

2 注文の仕方

 (3)

「～をください」と注文するときは，Can I have ～? の形で表す。

客 **Can I have** a hamburger and a small apple juice, please**?**

→Can I ～? は「～してもいいですか」の意味，ここでは Can I have ～? で「～をください」

ハンバーガーと(サイズが)小のリンゴジュースをください。

3 値段のたずね方，答え方

 (4)

値段をたずねるときは，How much ～? の形で表す。

客 **How much** is it?　おいくらですか。

→「～はいくらですか」

店員 — Four dollars and ninety cents.　— 4 ドル 90 セントです。

→金額を具体的に答える

4 その他の表現

 (5)

相手にものを渡すときは，Here you are. と言う。

店員 Here you are.　はい，どうぞ。

客 Thank you.　— ありがとう。

☆チェック! 日本文にあうように，(　)内から適する語句を選びなさい。

1
- □ (1) For here (or / and) to go?　ここで召し上がりますか，それともお持ち帰りですか。
- □ (2) To go, (please / let's).　持ち帰ります。

2
- □ (3) (Can / Do) I have a small French fries?　(サイズが)小のフライドポテトをください。

3
- □ (4) (What / How much) is it?　おいくらですか。

4
- □ (5) Here (you are / I am).　はい，どうぞ。

☆チェック! の答えは次ページ

テスト対策問題

テスト対策ナビ

リスニング ♪ a12

1 英文と質問を聞いて，その答えとして適するものを１つずつ選び，記号で答えなさい。

(1) ア Yes, she is. イ No, she isn't.
ウ She is a math teacher. ( )

(2) ア She can play the violin. イ She can play the guitar.
ウ She can play the piano. ( )

2 (1)～(6)は単語の意味を書きなさい。(7), (8)は日本語を英語にしなさい。

(1) everyone ( ) (2) love ( )
(3) concert ( ) (4) size ( )
(5) meal ( ) (6) clerk ( )
(7) 大きい，広い ______ (8) 中間(の) ______

2 重要単語
(4)(7)(8)大きさに関する語。(7)と似た意味で使う語に big がある。反対の意味の語は small。

3 次の日本文にあうように，___に適する語を書きなさい。

(1) 私は音楽がとても好きです。
I like music ______ ______.

(2) 私は彼女のコンサートに行きます。
I ______ ______ her concerts.

(3) 何になさいますか。
______ can I get ______ you?

3 重要表現
(1)「とても好きだ」は1語で表すと love。
(3)店員がお客に注文を聞くときの表現。

4 店員と客の対話が成り立つように，___に適する語を書きなさい。

(1) *A*: Hello. ______ ______ or to go?
B: To go, please.

(2) *A*: ______ ______ is it?
B: Six dollars and eighty cents, please.

(3) *A*: ______ ______ are.
B: Thank you.

4 ハンバーガーショップなどでよく使う表現
(3)店以外でも，相手にものを渡すときによく使われる言い方。

5 [ ]内の語を並べかえて，日本文にあう英文を書きなさい。

(1) 私は毎日，英語を勉強します。
[every / I / English / study / day].

____

(2) あなたはカナダ出身ですか。
[from / are / Canada / you]?

____

5 be 動詞・一般動詞の復習
(1)「毎日」は every day。
(2) be from～ で「～出身です」。be 動詞は主語にあわせて am, are, is を使い分ける。

p.26 答 (1) or (2) please (3) Can (4) How much (5) you are

解答 p.8

Steps 2 〜 Power-Up 1

考えを整理し，表現しよう 〜 ハンバーガーショップへ行こう

30分　/100点

1 対話を聞いて，その内容にあう絵を１つ選び，記号で答えなさい。　a13　〔4点〕

(　　)

2 英文と質問を聞いて，その答えとして適するものを１つ選び，記号で答えなさい。　a14　〔4点〕

ア　Yes, they do.　　イ　They get up at six.

ウ　No, they don't.　　エ　They clean their room.　　(　　)

3 よく出る　次の対話が成り立つように，＿＿に適する語を書きなさい。　4点×2〔8点〕

(1) *A:* ＿＿＿＿ ＿＿＿＿ you from?

B: I'm from Okayama.

ミス注意！(2) *A:* ＿＿＿＿ you and Naoki classmates?

B: Yes, ＿＿＿＿ ＿＿＿＿.

4 次の日本文にあうように，＿＿に適する語を書きなさい。　4点×2〔8点〕

(1) 私には２人の親友がいます。

I ＿＿＿＿ two ＿＿＿＿ friends.

(2) ［ものを渡すときに］　はい，どうぞ。

＿＿＿＿ ＿＿＿＿ are.

5 次の英文を(　)内の指示にしたがって書きかえなさい。　5点×5〔25点〕

(1) How much is it? （下線部を they にかえて）

＿＿＿＿＿＿＿＿＿＿＿＿＿＿＿＿

ミス注意！(2) I want an apple pie. （can を使って「〜をください」と注文する文に）

＿＿＿＿＿＿＿＿＿＿＿＿＿＿＿＿

(3) I take a bath after dinner. （下線部が答えの中心となる疑問文に）

＿＿＿＿＿＿＿＿＿＿＿＿＿＿＿＿

(4) He is a baseball fan. （否定文に）

＿＿＿＿＿＿＿＿＿＿＿＿＿＿＿＿

(5) I can speak English. （下線部が答えの中心となる疑問文に）

＿＿＿＿＿＿＿＿＿＿＿＿＿＿＿＿

6 次のリオのスピーチ原稿を読んで，あとの問いに答えなさい。 〔16点〕

Hello, everyone. ① My name is Rio.
② I (　　　) a sister. She is three and very cute.
I like sports. ③ I run before dinner every day.
And ④ 〔 I / tennis / classmates / my / after / play / school / with 〕.
Thank you.

(1) 下線部①を次のように書きかえるとき，____に適する語を書きなさい。 〈3点〉
________ Rio.

(2) 下線部②が「私には妹がいます。」という意味になるように，(　)に適する語を書きなさい。 ________ 〈3点〉

(3) 下線部③を日本語になおしなさい。 〈5点〉
(　　　　　　　　　　　　　　　　　　)

よく出る (4) 下線部④が「私は放課後，同級生といっしょにテニスをします。」という意味になるように，〔　〕内の語を並べかえなさい。 〈5点〉

____

7 〔　〕内の語句を並べかえて，日本文にあう英文を書きなさい。 5点×4〔20点〕

(1) 私はテレビで野球の試合を見ます。
〔 on / watch / games / I / TV / baseball 〕.

____

(2) サラダはいくらですか。 〔 the salad / is / much / how 〕?

____

(3) あなたのおかあさんはコンピュータを使うことができますか。
〔 your / use / mother / can / a computer 〕?

____

ミス注意! (4) サンドイッチとコーンスープをください。
〔 I / a corn soup / a sandwich / and / can / have 〕?

____

やや難 **8** 次のようなとき，英語でどのように言うか書きなさい。 5点×3〔15点〕

(1) 店員が客に，何がほしいかとたずねるとき。

____

(2) 店の人に，このノートはいくらかとたずねるとき。

____

(3) みんなに向けて，ありがとうと言うとき。 (カンマを使って，3語で)

____

Let's Enjoy Japanese Culture.～ 持ち主をたずねよう

This[That] is ～. の文

教 p.53～p.59

1 肯定文「これは[あれは]～です。」

「これは[あれは]～です。」と言うときは，This[That] is ～. で表す。

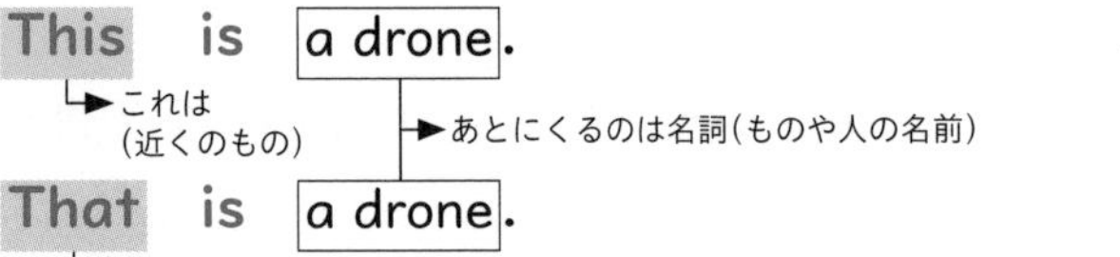

This is a drone. これはドローンです。
→これは（近くのもの）
→あとにくるのは名詞（ものや人の名前）

That is a drone. あれはドローンです。
→あれは（遠くのもの）

2 否定文「これは[あれは]～ではありません。」

「これは[あれは]～ではありません。」と言うときは，This[That] is not ～. で表す。

肯定文 This is a drone. これはドローンです。
否定文 This is **not** a drone. これはドローンではありません。
→be 動詞のあとに置く

That **isn't** a drone. あれはドローンではありません。
→is not の短縮形

3 疑問文「これは[あれは]～ですか。」

「これは[あれは]～ですか。」とたずねるときは，Is this[that] ～? で表す。答えるときは，Yes, it is. または No, it isn't. の形で答える。

肯定文 This is a drone. これはドローンです。
疑問文 **Is this** a drone? これはドローンですか。
→主語の前に be 動詞を出す

— Yes, **it** is. / No, **it** isn't. — はい，そうです。/ いいえ，違います。
→this，that は it（代名詞）に置きかえる

代名詞

教 p.53～p.59

4 代名詞の he，she，it

代名詞は名詞を 1 語で置きかえた語で，前に出てきた名詞を受けてその代わりに使う。

This is my father. **He** is a teacher. こちらは私の父です。彼は先生です。
→my father = he，1 人の男性に使う

This is my sister. **She** is a teacher. こちらは私の姉です。彼女は先生です。
→my sister = she，1 人の女性に使う

Look at this bag. **It** is cool. このかばんを見て。それはかっこいいです。
→this bag = it，1 つのものに使う

「だれ」とたずねる文

教 p.53～p.59

5 「～はだれですか。」とたずねる文

→★(6)

「～はだれですか。」とたずねるときは Who is ～? で表す。答えるときは Yes や No ではなく，具体的な人の名前などを答える。

疑問文 Who is that man? あの男性はだれですか。
- Who → 文の最初に
- is that man → be 動詞の疑問文の語順

答え方 — He is Mr. Ito. — 彼はイトウさんです。
- He → that man＝he に置きかえる
- Mr. Ito →「だれ」の答え

「どちらの～」「だれのもの」とたずねる文

教 p.60

6 どちらであるかをたずねる文

→★(7)

「どちらの…が～ですか。」とたずねるときは〈Which＋名詞 ～?〉の形で表す。

疑問文 Which pen is yours, the red one or the blue one? どちらのペンがあなたのものですか，赤いほう，それとも青いほうですか。
- Which pen → 文の最初に
- the red one or the blue one → A or B の形

答え方 — The red one is. — 赤いほうです。
- The red one → どちらかを答える
- one＝pen 一度出てきた名詞はくり返さずに one に置きかえる

7 だれのものかをたずねる文

→★(8)

「～はだれの…ですか。」とたずねるときは〈Whose＋名詞 ～?〉の形で表す。

疑問文 Whose book is this? これはだれの本ですか。
- Whose book → 文の最初に
- is this → be 動詞の疑問文の語順

答え方 — It is mine. — それは私のものです。
- mine → だれのものかを答える

☆チェック! 日本文にあうように，（ ）内から適する語を選びなさい。

1 □ (1) (This / That) is a bag. これはかばんです。

2 □ (2) That (isn't / not) a notebook. あれはノートではありません。

3 □ (3) (Be / Is) this an eraser? これは消しゴムですか。
— Yes, (it / this) is. — はい，そうです。

4 □ (4) That is my brother. (She / He) is a cook. あちらは私の兄です。彼はコックです。
□ (5) This desk is big. Is (he / it) your desk? この机は大きいです。それはあなたの机ですか。

5 □ (6) (Who / Which) is this girl? この女の子はだれですか。
— (She / He) is my sister. — 彼女は私の妹です。

6 □ (7) (What / Which) ball is yours? どちらのボールがあなたのものですか。

7 □ (8) (Whose / Who) card is that? あれはだれのカードですか。

☆チェック! の答えは次ページ

解答 p.9

テスト対策問題

テスト対策ナビ

リスニング

♪ a15

1 対話と質問を聞いて，その答えとして適する絵を1つ選び，記号で答えなさい。

(　　)

2 (1)～(6)は単語の意味を書きなさい。(7)～(10)は日本語を英語にしなさい。

(1) useful (　　)　(2) culture (　　)
(3) woman (　　)　(4) smile (　　)
(5) hold (　　)　(6) answer (　　)
(7) 押す ＿＿＿＿　(8) 本物の ＿＿＿＿
(9) 仕事 ＿＿＿＿　(10) 省く ＿＿＿＿

2 重要単語
(6)反対の意味の語は question。
(10)「時間やお金などを節約する」などの意味で使う。

よく出る
3 次の日本文にあうように，＿＿に適する語を書きなさい。

(1) あれは何ですか。 ＿＿＿＿ that?
(2) まず，この絵を見てください。
＿＿＿＿, look at this picture.
(3) 私はその本を読みたいです。
I ＿＿＿＿ ＿＿＿＿ read the book.
(4) (正解が)わかった！　I got ＿＿＿＿!
(5) 彼女は今日，欠席ですか。
＿＿＿＿ she ＿＿＿＿ today?

3 重要表現
(1) what is の短縮形。
(2)「最初に」を表す語。
(3)動詞 want を使った文に。
(5)「欠席の」を表す単語は形容詞。

4 次の日本文にあうように，(　)内から適する語を選びなさい。

(1) これは私のペンです。　(This / That) is my pen.
(2) あちらはあなたの先生です。
(This / That) is your teacher.
(3) あれは公園ではありません。
That (isn't / is) a park.
(4) これはかさですか。
(Is / What) this an umbrella?
ミス注意! (5) [(4)に答えて]　はい，そうです。
— Yes, (they / it) is.

4 This[That]is ～. の文

ミス注意！
(1)(2)所有格(my や your)を使うときは，1つであっても名詞の前には a や an はつけない。

(5) this を代名詞に置きかえて答える。1つのものを表す代名詞はどちらか考える。

p.31 答　(1) This　(2) isn't　(3) Is / it　(4) He　(5) it　(6) Who / She　(7) Which　(8) Whose

5 次の対話文を読んで，あとの問いに答えなさい。

Daniel: (①) is this woman in *kimono*?
Mao: (②)is Ono no Komachi.
Daniel: ③ [princess / she / a / is]?
Mao: No, she isn't. ④ She is a famous poet.

(1) ①，②の( )に適する語を書きなさい。
①＿＿＿＿＿＿ ②＿＿＿＿＿＿

(2) 下線部③が「彼女は王女ですか。」という意味になるように，[ ] 内の語を並べかえなさい。
＿＿＿＿＿＿＿＿＿＿＿＿＿＿＿＿＿＿？

(3) 下線部④を日本語になおしなさい。
( )

6 次の文を( )内の指示にしたがって書きかえなさい。

(1) You are busy. (下線部を She にかえて)
＿＿＿＿＿＿ ＿＿＿＿＿＿ busy.

(2) That boy is my cousin. (下線部を代名詞にかえて)
＿＿＿＿＿＿ is my cousin.

(3) Your bag is cool. (下線部を代名詞にかえて)
＿＿＿＿＿＿ is cool.

7 次の日本文にあうように，＿＿に適する語を書きなさい。

(1) あの女性はだれですか。
＿＿＿＿＿＿ ＿＿＿＿＿＿ that woman?

(2) [(1)に答えて] 彼女は私の先生です。
＿＿＿＿＿＿ ＿＿＿＿＿＿ my teacher.

(3) どちらの箱があなたのものですか。
＿＿＿＿＿＿ box ＿＿＿＿＿＿ yours?

ミス注意！ (4) [(3)に答えて] 小さいほうです。
The small ＿＿＿＿＿＿ ＿＿＿＿＿＿.

8 次の日本文を英語になおしなさい。

(1) メイ(Mei)は私の妹です。彼女は生徒です。
＿＿＿＿＿＿＿＿＿＿＿＿＿＿＿＿＿＿

(2) これはだれのタオルですか。
＿＿＿＿＿＿＿＿＿＿＿＿＿＿＿＿＿＿

5 本文の理解

(1)①「着物を着たこの女性はだれですか。」の文に。
(2)疑問文は主語の前に be 動詞を出す。
(3) famous は「有名な」。

6 代名詞

(1) busy は「忙しい」。主語が she のときの be 動詞に注意。

7 「だれ」「どちらの」

ポイント
・「だれ」は who，「どちらの」は which で文を始める。
・答えるときは具体的に答える。

(4)答えるときは，同じ名詞をくり返さず代名詞を使って答える。

8 英作文

(1) 2 文目は Mei を代名詞に置きかえる。
(2)だれのものかをたずねるときは〈Whose＋名詞～?〉で表す。

解答 p.10

予想問題 PROGRAM 4 〜 Power-Up 2
Let's Enjoy Japanese Culture.〜 持ち主をたずねよう

30分 /100点

1 対話を聞いて，その内容にあう絵を1つ選び，記号で答えなさい。 a16 〔4点〕

（　　）

2 対話と質問を聞いて，その答えとして適するものを1つ選び，記号で答えなさい。 a17 〔4点〕

ア It's Naoto's.　　イ It's Takashi's.
ウ It's mine.　　エ Yes, I am.

（　　）

3 次の対話が成り立つように，＿＿に適する語を書きなさい。 5点×3〔15点〕

(1) A: ＿＿＿＿ cup is this?
B: ＿＿＿＿ mine.

(2) A: ＿＿＿＿ pencil is yours?
B: The yellow one ＿＿＿＿.

ミス注意! (3) A: ＿＿＿＿ is that man?
B: ＿＿＿＿ my father.

4 次の日本文にあうように，＿＿に適する語を書きなさい。 4点×3〔12点〕

よく出る (1) 彼女は13歳です。
She is 13 ＿＿＿＿ ＿＿＿＿.

(2) 彼は野球部に所属しています。
He is ＿＿＿＿ the baseball team.

(3) わかった。それはライオンだ。 ― そのとおり。
I got it! It's a lion. ― ＿＿＿＿ ＿＿＿＿.

5 次の文を（　）内の指示にしたがって書きかえなさい。 5点×3〔15点〕

(1) Are you a nurse? （下線部を she にかえて）

＿＿＿＿＿＿＿＿＿＿＿＿＿＿＿＿

(2) This is Masaki's computer. （下線部をたずねる文に）

＿＿＿＿＿＿＿＿＿＿＿＿＿＿＿＿

やや難 (3) That watch is yours. （your を使ってほぼ同じ意味の文に）

＿＿＿＿＿＿＿＿＿＿＿＿＿＿＿＿

6 次の対話文を読んで，あとの問いに答えなさい。 〔20点〕

Mao: ① Then, rub the ink stick on the inkstone.
Daniel: ② (　　　)(　　　). That's hard work.
Mao: ③ So [we / *bokuju* / usually / use].
Daniel: *Bokuju*? ④ (　　　)(　　　)?
Mao: It's ink. ⑤ It can save time.

(1) 下線部①を日本語になおしなさい。 〈5点〉
(　　　　　　　　　　)

(2) 下線部②が「なるほど。」という意味になるように，(　)に適する語を書きなさい。〈3点〉
＿＿＿＿ ＿＿＿＿.

(3) 下線部③が「だから私たちはたいてい墨汁を使います。」という意味になるように，［　］内の語を並べかえなさい。 〈4点〉
So ＿＿＿＿＿＿＿＿.

(4) 下線部④が「それは何ですか。」という意味になるように，(　)に適する語を書きなさい。
＿＿＿＿ ＿＿＿＿? 〈3点〉

(5) 下線部⑤を It の内容を明らかにして，日本語になおしなさい。 〈5点〉
(　　　　　　　　　　)

ミス注意! 7 ［　］内の語を並べかえて，日本文にあう英文を書きなさい。 5点×3〔15点〕

(1) 彼は有名なお笑い芸人です。 [famous / a / he / comedian / is].

(2) 彼女はあなたのお姉さんの同級生ですか。[classmate / she / sister's / your / is]?

(3) どちらの定規があなたのですか。 [is / ruler / yours / which]?

8 次の日本文を英語になおしなさい。 5点×3〔15点〕

(1) あの男性はだれですか。— 私のおじです。

—

(2) こちらは私のおばです。彼女は医者です。

(3) これはだれのかばんですか。— 私のです。

—

PROGRAM 5 ～ Word Web 3

The Junior Safety Patrol ～ 季節・月の名前

テストに出る! ココが要点&チェック!

三人称・単数・現在

教 p.61～p.67

1 肯定文

チェック! (1)(2)(3)

自分と相手以外の人やものを三人称といい，それが1人・1つ(単数)のものを三人称・単数という。現在の文で，主語が，三人称・単数のときは一般動詞の語尾に -(e)s をつける。

一人称 I make lunch.　私は昼食を作ります。
└► I, we(自分)

二人称 You make lunch.　あなたは昼食を作ります。
└► you(相手)

三人称・単数 My grandmother **makes** lunch for me.　私の祖母は私のために昼食を作ります。
└► he, she, it, Maki, Mr. Brown, my dog など(自分と相手以外の単数)
└► 動詞を三人称・単数・現在形にする

三人称・単数・現在形の作り方と発音

- -s をつける
  - play(運動する) → plays [z ズ]
  - look(見る) → looks [s ス]
- -es をつける
  - watch(見る) → watches [iz イズ]
  - wash(洗う) → washes [iz イズ]
- y を i にかえて -es をつける
  - study(勉強する) → studies [z ズ]
- 形をかえる
  - have(持っている) → has

-(e)s の発音は3通り
[s ス], [z ズ], [iz イズ]

2 否定文

チェック! (4)(5)

三人称・単数・現在の否定文は，動詞の前に does not[doesn't] を置く。このとき動詞は -(e)s のつかない形(動詞の原形)にする。

肯定文 My grandmother **makes** lunch for me.
私の祖母は私のために昼食を作ります。

⇩

否定文 My grandmother **doesn't** **make** lunch for me.
動詞の前に置く ◄┘ does not でもよい
└► 動詞を原形(-(e)s のつかない形)にする

私の祖母は私のために昼食を作りません。

3 疑問文

チェック! (6)(7)(8)(9)

三人称・単数・現在の疑問文は主語の前に does を置く。動詞は原形(-(e)s のつかない形)にする。答えるときも does を使って答える。

肯定文 Your grandmother makes breakfast. あなたのおばあさんは朝食を作ります。

⇩

疑問文 Does your grandmother make breakfast? あなたのおばあさんは朝食を作りますか。

Does → 主語の前に置く
make → 動詞を原形(-(e)s のつかない形)にする

— Yes, she does. / No, she doesn't[does not]. — はい，作ります。／いいえ，作りません。

→ does を使って答える

主語が三人称・単数のとき，疑問詞で始まる疑問文は〈疑問詞 + does + 主語 + 動詞の原形 ～?〉で表す。

疑問詞で始まる疑問文

When(いつ) does Eri play tennis? エリはいつテニスをしますか。

When does → 文頭に
play → 動詞の原形
Eri play → 疑問文の語順

— She plays tennis on Sundays. — 彼女は日曜日にテニスをします。

plays → 三人称・単数・現在形に
on Sundays → 具体的な「時」を答える

What(何) does your father like? あなたのおとうさんは何が好きですか。

— He likes music. — 彼は音楽が好きです。

likes → 三人称・単数・現在形に
music → 具体的な「何」を答える

☆チェック! 日本文にあうように，(　)内から適する語を選びなさい。

1
- □ (1) Yuri (like / likes) music. ユリは音楽が好きです。
- □ (2) Ms. Miller (teach / teaches) English. ミラー先生は英語を教えます。
- □ (3) My sister (have / has) a nice bag. 私の姉はすてきなかばんを持っています。

2
- □ (4) My father (don't / doesn't) play the piano. 私の父はピアノをひきません。
- □ (5) Mary doesn't (study / studies) on Sundays. メアリーは日曜日は勉強しません。

3
- □ (6) (Do / Does) your mother eat *natto*? あなたのおかあさんは納豆を食べますか。
  — Yes, she (do / does). — はい，食べます。
- □ (7) Does he (watch / watches) baseball games? 彼は野球の試合を見ますか。
  — No, he (does / doesn't). — いいえ，見ません。
- □ (8) Does your uncle (see / sees) movies? あなたのおじさんは映画を見ますか。
  — Yes, (she / he) does. — はい，見ます。
- □ (9) Where (do / does) Ms. Yamada work? 山田さんはどこで働いていますか。
  — She (work / works) at the hospital. — 彼女は病院で働いています。

☆チェック! の答えは次ページ

テスト対策問題

リスニング

♪ a18

1 対話と質問を聞いて，その答えとして適するものを１つずつ選び，記号で答えなさい。

(1) ア Yes, she is.　イ No, she isn't.
ウ No, she doesn't.　(　　)

(2) ア Yes, he does.　イ No, he doesn't.
ウ He lives in Aomori.　(　　)

2 (1)〜(6)は単語の意味を書きなさい。(7)〜(10)は日本語を英語にしなさい。

(1) family (　　)　(2) grandpa (　　)
(3) same (　　)　(4) wear (　　)
(5) important (　　)　(6) abroad (　　)
(7) 一員，メンバー ＿＿＿＿　(8) 選手 ＿＿＿＿
(9) 旅行をする ＿＿＿＿　(10) くつ(単数形) ＿＿＿＿

よく出る **3** 次の日本文にあうように，＿＿に適する語を書きなさい。

(1) 私の母は毎朝，朝食を作ります。
My mother makes breakfast ＿＿＿＿ ＿＿＿＿.

(2) 3月，4月，5月は春です。
＿＿＿＿, ＿＿＿＿, ＿＿＿＿ May are spring.

(3) ぼうしをぬいでください。
＿＿＿＿ ＿＿＿＿ your cap, please.

(4) 私は家でゲームをします。
I play a game ＿＿＿＿ ＿＿＿＿.

(5) 私は自分の仕事を誇りに思っています。
I ＿＿＿＿ ＿＿＿＿ ＿＿＿＿ my job.

4 次の文の＿＿に，(　)内の語を適する形にかえて書きなさい。ただし，形がかわらないものもある。

(1) Mika ＿＿＿＿ spring. (like)
(2) Daisuke ＿＿＿＿ to school. (go)
(3) My brother ＿＿＿＿ this pen. (use)
(4) He ＿＿＿＿ books. (read)
(5) My father sometimes ＿＿＿＿ the car. (wash)
(6) My school ＿＿＿＿ a pool. (have)
(7) They ＿＿＿＿ every day. (work)
ミス注意! (8) Nana and Mako ＿＿＿＿ music. (love)

テスト対策ナビ

2 重要単語
(2) grandfather の口語的な言い方。
(10)ペアの１足を表すときは，複数形する。

3 重要表現
(1)毎日や毎週，毎年も同じ語を使って連語を作ることができる。
(2)いくつかの単語を並列で表すときの形を覚えよう。
(3)命令文。動詞で文を始める。
(5) be 動詞は主語に合わせて使い分ける。

4 一般動詞の三人称・単数・現在の肯定文
三人称・単数・現在形を正確に覚えよう。

(6)主語がもので単数の場合も，動詞は三人称・単数・現在形にする。
(8)主語が単数か複数かをよく確認する。

p.37 答　(1) likes (2) teaches (3) has (4) doesn't (5) study (6) Does / does (7) watch / doesn't (8) see / he (9) does / works

5 次の対話文を読んで，あとの問いに答えなさい。

Mao: That's my grandpa.
Daniel: Oh, he ①(watch) students, right?
Mao: Yes. He ②(stand) on the street every day.
Daniel: ③ Every day?
Mao: ④ Ah, [stand / he / on / doesn't / weekends].

(1) ①，②の（ ）内の語を適する形になおしなさい。
① ______ ② ______
(2) 下線部③を省略された語句を補って8語の英文になおしなさい。
______
(3) 下線部④が「彼は週末は立ちません。」という意味になるように，［ ］内の語を並べかえなさい。
Ah, ______.

6 次の文を否定文に書きかえなさい。短縮形を使うこと。
(1) Kumi studies English on Sundays.
______
(2) That boy draws pictures well.
______

7 次の対話文が成り立つように，____に適する語を書きなさい。
(1) ______ Mr. Osada live in Tokyo?
— No, ______ ______.
(2) ______ your mother clean the room?
— Yes, ______ ______.
(3) When ______ Kento go fishing?
— He ______ fishing on weekends.
ミス注意! (4) ______ ______ your sister read?
— She ______ *manga*.

8 次の日本文を英語になおしなさい。
(1) レオ(Reo)は水曜日にサッカーの練習をします。
______
ミス注意! (2) 私の兄は夏が好きではありません。
______

5 本文の理解
(1)(2)(3)三人称・単数・現在の文。それぞれ，①②肯定文，③疑問文，④否定文にする。

6 一般動詞の三人称・単数・現在の否定文

ポイント
三人称・単数・現在の否定文
・動詞の前に does not [doesn't]を置く。
・動詞の語尾に -(e)s はつけない。

7 一般動詞の三人称・単数・現在の疑問文

ポイント
三人称・単数・現在の疑問文
・主語の前に does を置く。
・動詞の語尾に -(e)s はつけない。

(3)(4)疑問詞で始まる三人称・単数・現在の疑問文。

8 英作文
(1)三人称・単数・現在形にする。「〜曜日に」は on を使う。
(2)三人称・単数・現在の否定文。動詞は原形に。

テストに出る！

予想問題

PROGRAM 5 ～ Word Web 3
The Junior Safety Patrol ～ 季節・月の名前

30分 /100点

1 絵に関する質問を聞いて，答えとして適するものを１つずつ選び，記号で答えなさい。 a19 4点×2〔8点〕

ミス注意！ (1)

ア Yes, he does.
イ No, he doesn't.
ウ He has a computer.
エ He wants a computer.

(　　)

(2)

ア Yes, she does.
イ No, she doesn't.
ウ She goes shopping on Sundays.
エ She wants a new bag.

(　　)

よく出る **2** 次の文を(　)内の指示にしたがって書きかえなさい。 4点×4〔16点〕

(1) Ms.Sato swims well. （疑問文にして，No で答える文も。答えの文は短縮形を使って）

____

— ______________________________

(2) I write a letter. （下線部を He にかえて）

____

(3) She draws pictures every night. （否定文に，短縮形を使って）

____

(4) John lives in Canada. （下線部をたずねる文に）

____

3 次の日本文にあうように，＿＿に適する語を書きなさい。 4点×5〔20点〕

(1) 私の母は毎日，家族のために料理をします。
My mother cooks ＿＿＿＿ my ＿＿＿＿ every day.

(2) 彼には姉が１人います。
He ＿＿＿＿ a ＿＿＿＿ sister.

(3) あなたは週末，家で何をしますか。
What do you do at home ＿＿＿＿ ＿＿＿＿?

ミス注意！ (4) 彼女はときどき写真をとります。
She sometimes ＿＿＿＿ ＿＿＿＿.

(5) それは初耳です。
＿＿＿＿ ＿＿＿＿ to me.

4 次の対話文を読んで，あとの問いに答えなさい。〔26点〕

Daniel: ① (　　　)(　　　) my cousin Jenny.
Mao: ② (　　　) cool.
Daniel: ③ ［ member / She's / the Junior Safety Patrol / of / a ］.
Mao: ④ Does she enjoy her job?
Daniel: Yes, she does. She's proud of ⑤ it too.

(1) 下線部①が「こちらは私のいとこのジェニーです。」という意味になるように，(　)に適する語を書きなさい。〈5点〉

(2) 下線部②が「彼女はかっこいいです。」という意味になるように，(　)に適する語を書きなさい。〈5点〉

よく出る (3) 下線部③を「彼女はジュニア・セーフティー・パトロールの一員です。」という意味になるように，［　］内の語句を並べかえなさい。〈6点〉

(4) 下線部④を日本語になおしなさい。〈5点〉
(　　　　　　　　　　　　　　　　　　　　)

(5) 下線部⑤がさすものを本文中の 2 語の英語で答えなさい。〈5点〉

5 ［　］内の語句を並べかえて，日本文にあう英文を書きなさい。5点×3〔15点〕

(1) ケンはいつも同じバットを使います。［ Ken / bat / uses / same / the / always ］.

ミス注意! (2) ユミには姉妹がいますか。［ have / does / a / Yumi / sister ］?

(3) ボブは新しいかばんがほしくありません。
［ want / bag / Bob / a / doesn't / new ］.

6 次の日本文を英語になおしなさい。5点×3〔15点〕

(1) 私のいとこは毎日，英語を勉強します。

(2) あなたのおとうさんはここで働いていますか。

やや難 (3) 彼女は日曜日には学校へ行きません。（7 語で）

The Way to School 〜 順番・日付の言い方

テストに出る! ココが要点&チェック!

代名詞

教 p.69〜p.75

1 彼を[に / が]，彼女を[に / が]を表す代名詞

→チェック!★(1)(2)

一度出てきた人について言うときは代名詞で表す。「〜を[に / が]」を表すとき，1人の男性の場合は **him**，1人の女性の場合は **her** を使う。

This is my grandfather. — I know **him**. こちらは私の祖父です。— 私は彼を知っています。
(my grandfather: 1人の男性 / know: 動詞 / him: 動詞の目的語)

This is my sister. — Oh, I like **her**. こちらは私の姉です。— あら，私は彼女が好きです。
(my sister: 1人の女性 / like: 動詞 / her: 動詞の目的語)

2 代名詞のまとめ

→チェック!★(3)(4)

代名詞は人称(一人称・二人称・三人称)や文の中での働き(主語のとき，目的語のときなど)，数(単数，複数)によって下の表のように変化する。

人称	単数				複数			
	主語 〜は[が]	所有を表す 〜の	目的語 〜を[に / が]	所有を表す 〜のもの	主語 〜は[が]	所有を表す 〜の	目的語 〜を[に / が]	所有を表す 〜のもの
一人称	I	my	me	mine	we	our ③ *	us	ours ③ **
二人称	you	your	you	yours	you	your	you	yours
三人称	he	his ① *	him	his ① **	they	their ④ *	them	theirs ④ **
	she	her ② *	her	hers ② **				
	it	its	it	-				

① This is ***his** ruler. (これは彼の定規です。)　This ruler is ****his**. (この定規は彼のものです。)

② That is ***her** pen. (あれは彼女のペンです。)　That pen is ****hers**. (あのペンは彼女のものです。)

③ These are ***our** books. (これらは私たちの本です。)　These books are ****ours**. (これらの本は私たちのものです。)

④ These are ***their** erasers. (これらは彼らの消しゴムです。)　These erasers are ****theirs**. (これらの消しゴムは彼らのものです。)

3 「理由」をたずねる文と答え方

→★(5)

「なぜ〜ですか。」と理由をたずねるときは，文頭に **Why** を置く。答えるときは **Because** 〜.「なぜなら〜だからです。」と答える。

疑問文 **Why** do you like Sue? あなたはなぜスーが好きなのですか。
(→①文頭,「なぜ」 →②疑問文の形)

答え方 — **Because** she is very kind to me. — なぜなら彼女は私にとても親切だからです。
(→①文頭,「なぜなら〜だから」 →②ふつうの文の形)

道のたずね方と答え方

教 p.76

4 「～はどこですか。」

→チェック!★(6)

道をたずねるときは Where ～? の文で表す。答えるときは〈命令文, and ...〉の形で，「～してください，そうすれば…」などと行き方と場所を伝える。

たずね方 Excuse me, but **where** is the bookstore?　すみませんが，書店はどこですか。
（where：どこ）

答え方 — **Turn** right, **and** you can see the flower shop.　— 右に曲がってください，そうすれば花屋が見えます。
（Turn：動詞から始める　and：「そうすれば」）

The bookstore **is next to** the flower shop.　書店は花屋の隣にあります。
（is next to：「～の隣に」）

日付のたずね方と答え方

教 p.78

5 「何月何日ですか。」

→チェック!★(7)

「何月何日ですか。」と日付をたずねるときは，What's the date? と表す。答えるときは〈It's＋日付.〉の形で答える。ただし，It は形式的な主語なので訳さない。

たずね方 What's **the date** today?　今日は何月何日ですか。
（the date：何月何日）

答え方 — It's November 8.　— 11月8日です。
（8：日付は序数(順番の言い方)で言う。この場合は eighth）
（It：日付，時間，天候などを表すときの主語 it）

序数

1番目(の)	2番目(の)	3番目(の)	4番目(の)	5番目(の)	6番目(の)	7番目(の)
first	second	third	fourth	fifth	sixth	seventh
8番目(の)	9番目(の)	10番目(の)	11番目(の)	12番目(の)	13番目(の)	14番目(の)
eighth	ninth	tenth	eleventh	twelfth	thirteenth	fourteenth
20番目(の)	21番目(の)	30番目(の)	31番目(の)			
twentieth	twenty-first	thirtieth	thirty-first			

＊赤字は注意すべきつづり。

☆チェック！ 日本文にあうように，(　)内から適する語句を選びなさい。

1
- □ (1) This is my mother. I love (her / him).　こちらは私の母です。私は彼女が大好きです。
- □ (2) I have a brother. Do you know (his / him)?　私には弟がいます。あなたは彼を知っていますか。

2
- □ (3) This cap is (hers / his).　このぼうしは彼のものです。
- □ (4) Whose umbrellas are these?　これらはだれのかさですか。
  — They are (theirs / ours).　— 私たちのものです。

3
- □ (5) (Why / What) do you like summer?　あなたはなぜ夏が好きなのですか。
  — (Because / Then) my birthday is July.　— なぜなら，私の誕生日が7月だからです。

4
- □ (6) (What / Where) is the post office?　郵便局はどこですか。
  — Turn left, (and / but) you can see it.　— 左に曲がってください，そうすれば見えます。

5
- □ (7) What (is the date / day is it) today?　今日は何月何日ですか。
  — (This / It) is August 23.　— 8月23日です。

テスト対策問題

リスニング

♪ a20

1 対話と質問を聞いて，その答えとして適するものを１つずつ選び，記号で答えなさい。

(1) ア It's May 3.　イ It's May 13.
ウ It's May 30.　(　　)

(2) ア Because he is funny.　イ Because he likes Emi.
ウ Because he helps Eito.　(　　)

2 (1)～(6)は単語の意味を書きなさい。(7)～(10)は日本語を英語にしなさい。

(1) easily (　　)　(2) wall (　　)
(3) amazing (　　)　(4) dangerous (　　)
(5) attack (　　)　(6) safety (　　)
(7) 1時間，時間 ＿＿＿＿　(8) 教える，言う ＿＿＿＿
(9) 親 ＿＿＿＿　(10) 逃す ＿＿＿＿

2 重要単語
(8)「(勉強を)教える」はteach。
(9)「両親」の場合はsをつける。

3 次の日本文にあうように，＿に適する語を書きなさい。

(1) 私の姉はオーストラリアに住んでいます。
My sister ＿＿＿＿ ＿＿＿＿ Australia.

(2) 私は毎日その通りを渡ります。
I walk ＿＿＿＿ the street every day.

(3) 動物園に行くのに3時間かかります。
It ＿＿＿＿ three ＿＿＿＿ to the zoo.

(4) ありがとうございます。— どういたしまして。
Thank you. — ＿＿＿＿ ＿＿＿＿.

(5) 楽しい時をお過ごしください。
＿＿＿＿ a good ＿＿＿＿.

(6) コンピュータのスイッチを入れなさい。
＿＿＿＿ ＿＿＿＿ the computer.

3 重要表現
(1)主語は三人称・単数であることに注意。
(2)「～を横切って，～を越えて」を意味する前置詞。
(3)この文のitは「それ」という意味ではない。「(時間やお金が)～かかる」はtakeで表す。
(5)(6)命令文の形で表す。命令文では主語を使わない。

よく出る **4** (例)にならい，次の文の下線部を1語の代名詞に書きかえなさい。

(例) I don't know that woman.　her
(1) My mother's bag is new.　＿＿＿＿
(2) I play soccer with my brother.　＿＿＿＿
(3) These are her pencils.　＿＿＿＿
(4) That is my uncle's bike.　＿＿＿＿
(5) This is our cat.　＿＿＿＿
(6) I like this song.　＿＿＿＿

4 代名詞
(1)(3)(4)(5)「～の」と「～のもの」の違いに注意。
(2)前置詞のあとの代名詞は「～を[に / が]」を表す形。
(3)(5)「～のもの」を表す形。
(6)人以外の三人称・単数。「～を[に / が]」を表す形。

p.43 答　(1) her　(2) him　(3) his　(4) ours　(5) Why / Because　(6) Where / and　(7) is the date / It

5 次の対話文を読んで，あとの問いに答えなさい。

Ken: The savanna is amazing.
Emily: It's a dangerous place too, you know.
Ken: ① Why is it dangerous?
Emily: ② [elephants / school children / sometimes / because / attack].
Ken: ③ (　　　)(　　　)!

(1) 下線部①を it の内容を明らかにして，日本語になおしなさい。
(　　　　　　　　　　　　　　　　　　　　　　)

(2) 下線部②が「なぜなら，ゾウがときどき生徒たちを襲うからです。」という意味になるように，[　]内の語句を並べかえなさい。

____

(3) 下線部③が「そんなばかな。」という意味になるように，(　)に適する語を書きなさい。　__________ __________!

5 本文の理解
(1) it は1度出た単数の名詞を言いかえたもの。
(2) sometimes の位置に注意。

6 [　]内の語句を並べかえて，日本文にあう英文を書きなさい。

(1) なぜあなたは早く起きるのですか。
[get / you / why / up / do / early]?

____

(2) [(1)に答えて]　なぜなら，私は朝，勉強するからです。
[I / in the morning / because / study].

____

(3) なぜあなたはおかあさんを手伝うのですか。
[you / help / why / mother / do / your]?

____

6 理由をたずねる文

おぼえよう!
・理由をたずねるときは，〈Why＋疑問文？〉。
・答えるときは，〈Because＋主語＋動詞 ～.〉。Yes，No ではなく，具体的な理由を答える。

7 次の対話が成り立つように，____に適する語を書きなさい。

(1) *A*: __________ the __________ today?
B: __________ April 20.

(2) *A*: Excuse __________, but __________ is the bookstore?
B: Go __________ to the third floor.　(1階にいるとき)

7 道，日付をたずねる文
(2)場所をたずねるときは where を使った疑問文にする。

8 次の日本文を英語になおしなさい。

ミス注意! (1) これらはだれのノートですか。

____

(2) [(1)に答えて]　私たちのです。　(3語で)

____

8 英作文
(1)「だれの～」を問うときは〈Whose＋名詞〉で文を始める。
(2)主語に複数のものを表す代名詞を使う。

PROGRAM 6 ～ Word Web 4
The Way to School ～ 順番・日付の言い方

30分　/100点

1 絵に関する質問を聞いて，答えとして適するものを１つずつ選び，記号で答えなさい。　♪a21　3点×2〔6点〕

(1)　(2)

(1) (　　　) (2) (　　　)

2 対話と質問を聞いて，その答えとして適するものを１つ選び，記号で答えなさい。　♪a22　〔3点〕

ア　It's the convenience store.　イ　It's next to the flower shop.

ウ　It's next to the convenience store.　エ　No, it's not.

(　　　)

よく出る **3** 次の文の＿＿に，(　)内の語を適する形にかえて書きなさい。　3点×8〔24点〕

(1) I don't know ＿＿＿＿＿＿ well.　(she)

(2) That bike is ＿＿＿＿＿＿.　(Mina)

ミス注意！(3) She plays the piano for ＿＿＿＿＿＿.　(we)

(4) Are these pens ＿＿＿＿＿＿?　(he)

(5) Do you like ＿＿＿＿＿＿?　(they)

(6) That house is ＿＿＿＿＿＿.　(they)

(7) ＿＿＿＿＿＿ dog can swim in the river.　(we)

ミス注意！(8) I go to school with ＿＿＿＿＿＿.　(he)

4 次の日本文にあうように，＿＿に適する語を書きなさい。　3点×6〔18点〕

(1) 20秒たったら，座ることができます。

＿＿＿＿＿＿ 20 ＿＿＿＿＿＿, you can sit down.

(2) 彼は国語の先生ですよね。

He is a Japanese teacher, ＿＿＿＿＿＿ ＿＿＿＿＿＿.

(3) 彼は私に親切にしてくれます。

He is kind ＿＿＿＿＿＿ ＿＿＿＿＿＿.

(4) 私たちは子どもたちのために祈ります。

We ＿＿＿＿＿＿ ＿＿＿＿＿＿ children.

(5) 今日では，私たちは手軽に海外旅行をすることができます。

Today, we can travel ＿＿＿＿＿＿ ＿＿＿＿＿＿.

(6) あなたのお気に入りの本は何ですか。

＿＿＿＿＿＿ is ＿＿＿＿＿＿ favorite book?

5 次の対話文を読んで，あとの問いに答えなさい。 〔17点〕

Emily: Look at this boy. He lives (①) Kenya.
Ken: Who is he?
Emily: He's Jackson. ②We ( ) see him in a movie.
Ken: ③[me / him / tell / about].
Emily: Every morning he runs and walks 15 kilometers (④) school.
⑤( )( ) two hours.

(1) ①，④の( )に適する語を書きなさい。 3点×2〈6点〉
① ______ ④ ______

(2) 下線部②が「私たちは映画の中で彼を見ることができます。」という意味になるように( )に適する語を書きなさい。 ______ 〈4点〉

(3) 下線部③が「彼について私に教えてください。」という意味になるように，[ ]内の語を並べかえなさい。 〈4点〉

______

よく出る (4) 下線部⑤が「2時間かかります。」という意味になるように，( )に適する語を書きなさい。 ______ ______ 〈3点〉

6 [ ]内の語句を並べかえて，日本文にあう英文を書きなさい。 4点×3〔12点〕

(1) 彼は私たちのためにギターをひいてくれます。[us / the guitar / for / he / plays].

______

(2) 久美はなぜ写真をとるのですか。
[take / why / pictures / Kumi / does]?

______

(3) あなたがたは彼らについて話しますか。
[you / talk / them / about / do]?

______

7 次のようなとき，英語でどのように言うか書きなさい。 5点×4〔20点〕

(1) これがだれのかばんかをたずねるとき。

______

(2) [(1)に答えて] 彼女のものであると言うとき。

______

(3) 今日は7月12日であると言うとき。 (today を文末に置いて)

______

ややや難 (4) 花屋(the flower shop)が自分の学校の隣にあると言うとき。

______

PROGRAM 7

Research on Australia

テストに出る! ココが要点&チェック!

There is[are] 〜. の文

教 p.79〜p.85

1 肯定文「〜があります[います]。」

チェック! (1)(2)(3)(4)(5)

「〜があります[います]。」と初めて話題になる人やものの存在を言うときは，There is[are] 〜. の形で表す。be 動詞はあとにくる名詞が単数ならば is，複数ならば are を使う。

単数 There is a *sushi* restaurant near here. この近くにはすし屋が(1 軒)あります。
→下線部が単数

—場所を表す語句を置く

複数 There are some *sushi* restaurants near here. この近くにはすし屋が(数軒)あります。
→下線部が複数

There is[are] 〜. の文の注意点

すでに話題にあがっている人やもの，特定の人やものを言うときには，There is[are] 〜. の文はふつう使わない。

○ There is a pen on the desk.　× There is the pen on the desk.
○ My pen is on the desk.　× There is my pen on the desk.

2 否定文「〜はありません[いません]。」

チェック! (6)(7)

「〜はありません[いません]。」と言うときは，be 動詞のあとに not を置く。

肯定文 There is a *sushi* restaurant near here.

⇩

否定文 There is not a *sushi* restaurant near here. この近くにはすし屋はありません。
→短縮形は isn't

There are not any *sushi* restaurants near here. この近くにはすし屋は 1 軒もありません。
→短縮形は aren't　否定文の any は「1 つも〜ない」

3 疑問文「〜はありますか[いますか]。」

チェック! (8)(9)

「〜はありますか[いますか]。」と存在をたずねるときは，be 動詞を there の前に出す。答えるときは，Yes, there is[are]. / No, there isn't[aren't]. で答える。

肯定文 There is a *sushi* restaurant near here.

→be 動詞は there の前

疑問文 Is there a *sushi* restaurant near here? この近くにすし屋はありますか。
— Yes, there is. / No, there isn't. — はい，あります。/ いいえ，ありません。
→答えるときも there を使う

Are there any *sushi* restaurants near here?
— Yes, there are. / No, there aren't.

「手段・方法」をたずねる文

教 p.79～p.85

4 「どのように～しますか。」

チェック! (10)(11)(12)

「どのように～しますか。」と手段や方法をたずねるときは，how を疑問文の文頭に置く。答えるときは，Yes, No ではなく手段や方法を具体的に答える。

たずね方

How can we go to the cake shop?　　私たちはどうやってケーキ屋に行くことができますか。
- How → ①文頭に置く
- can we go to the cake shop → ② can を使った疑問文

答え方

— **By** bike.　　— 自転車で行くことができます。
- By → 「～で」，手段を具体的に答える〈主語＋動詞〉の形で答えてもよい

＝You can go there by bike.　　あなたたちは自転車でそこへ行くことができます。
- You → 主語
- can go → 動詞
- by bike → 手段を具体的に答える

How does Mai come to school?　　マイはどうやって学校へ来ますか。
- How → ①文頭に置く
- does Mai come to school → ②一般動詞の疑問文

— She walks to school.　　— 彼女は歩いて学校へ来ます。
- walks to school → 手段を具体的に答える

☆チェック! 日本文にあうように，（　）内から適する語句を選びなさい。

1
- □ (1) There (is / are) a banana on the table.　　テーブルの上にバナナがあります。
- □ (2) There (is / are) five boxes in this room.　　この部屋には5個の箱があります。
- □ (3) There is (a car / cars) over there.　　向こうに車が1台あります。
- □ (4) There are (a cup / some cups) in the box.　　箱の中にいくつかのカップがあります。
- □ (5) There is (the / a) ball in my bag.　　私のかばんの中にボールがあります。

2
- □ (6) There (isn't / not) a shrine in my town.　　私の町には神社がありません。
- □ (7) There (isn't / aren't) any zoos in our city.　　私たちの市には動物園がありません。

3
- □ (8) (Is / Are) there a camera on the desk?　　机の上にカメラはありますか。
  — Yes, there (is / are).　　— はい，あります。
- □ (9) (Is / Are) there any temples in your town?　　あなたの町に寺はありますか。
  — No, there (isn't / aren't).　　— いいえ，ありません。

4
- □ (10) (What / How) do you go to the station?　　あなたはどうやって駅に行きますか。
  — (By / In) bus.　　— バスで行きます。
- □ (11) (Which / How) can we make *ramen*?　　私たちはどのようにしてラーメンを作れますか。
- □ (12) (Why / How) does she come to the park?　　彼女はどうやって公園に来ますか。
  — She (walks / goes) to the park.　　— 彼女は歩いて公園へ来ます。

解答 p.14

テスト対策問題

リスニング

♪ a23

1 対話と質問を聞いて，その答えとして適するものを１つずつ選び，記号で答えなさい。

(1) ア Yes, it does.　イ No, it doesn't.
ウ No, it isn't.　(　　)

(2) ア Yes, she does.　イ By bus.
ウ She walks to the flower shop.　(　　)

2 (1)～(6)は単語の意味を書きなさい。(7)～(10)は日本語を英語にしなさい。

(1) research (　　)　(2) bridge (　　)
(3) museum (　　)　(4) college (　　)
(5) far (　　)　(6) someday (　　)
(7) 電車，列車 ＿＿＿＿　(8) 来る ＿＿＿＿
(9) ～もまた，さらに ＿＿＿＿　(10) 飛行機 ＿＿＿＿

3 次の日本文にあうように，＿＿に適する語を書きなさい。

(1) 向こうにコンビニエンスストアが見えます。
I can see a convenience store ＿＿＿＿ ＿＿＿＿.

(2) 今，オーストラリアは春です。
＿＿＿＿ spring ＿＿＿＿ Australia now.

(3) 私は少しおなかがすいています。
I am ＿＿＿＿ ＿＿＿＿ hungry.

(4) 楽しそうですね。 ＿＿＿＿ fun.

(5) 明日，バーベキューをしましょう。
＿＿＿＿ ＿＿＿＿ a barbecue tomorrow.

ミス注意！ (6) 私たちが彼らを案内して回ります。
We ＿＿＿＿ ＿＿＿＿ ＿＿＿＿.

よく出る **4** 次の文を(　)内の指示にしたがって書きかえるとき，＿＿に適する語を書きなさい。

(1) There is an eraser on the desk.（下線部を three erasers に）
＿＿＿＿ ＿＿＿＿ three erasers on the desk.

(2) There are some girls under the tree.（下線部を a girl に）
＿＿＿＿ ＿＿＿＿ a girl under the tree.

(3) There is a fire station.（「私の町に」の意味を加えて）
There is a fire station ＿＿＿＿ ＿＿＿＿ town.

2 重要単語

(8)反対の意味を表す語は go。
(9)副詞。一般動詞の前，be 動詞のあとに置くことが多い。

3 重要表現

(1)「越えて」を意味する副詞を含む表現。
(2)季節を言うときは it を主語にする。
(4)「～に聞こえる」という意味の動詞を使う。fun の代わりに good なども使われる。
(5)「～しましょう」と人を誘うときの表現。
(6)代名詞を置く位置に注意。

4 There is[are] ～. の肯定文

ポイント

「～があります[います]。」の文
・There is[are] ～. で表す。
・be 動詞は～の部分が単数ならば is，複数ならば are を使う。
・～の部分を主語として訳す。

p.49 答　(1) is　(2) are　(3) a car　(4) some cups　(5) a　(6) isn't　(7) aren't　(8) Is / is　(9) Are / aren't　(10) How / By　(11) How　(12) How / walks

5 次の対話文を読んで，あとの問いに答えなさい。

Emily:	In Australia, there (①) many sites.
Ken:	Really? ②( )( )?
Emily:	③[Sydney / is / famous / there / place / a / in].
	④( )( )( ). It's the Opera House.
Ken:	Wow! It's so beautiful.

(1) ①の( )に適する語を書きなさい。 ＿＿＿＿

(2) 下線部②が「たとえば。」の意味になるように，( )に適する語を書きなさい。

＿＿＿＿ ＿＿＿＿

(3) 下線部③が「シドニーには有名な場所があります。」という意味になるように，[ ]内の語を並べかえなさい。

＿＿＿＿＿＿＿＿＿＿＿＿

(4) 下線部④が「ここにありますね。」という意味になるように，( )に適する語を書きなさい。

＿＿＿＿ ＿＿＿＿ ＿＿＿＿.

6 次の文を( )内の指示にしたがって書きかえなさい。

(1) There is a ruler on the desk. (短縮形を使って否定文に)

＿＿＿＿＿＿＿＿＿＿＿＿

(2) There are many restaurants near here.
(疑問文にして，No で答える文も。答えの文は短縮形を使って)

＿＿＿＿＿＿＿＿＿＿＿＿

— ＿＿＿＿＿＿＿＿＿＿＿＿

7 次の対話が成り立つように，＿に適する語を書きなさい。

(1) *A:* ＿＿＿＿ do you go to your grandfather's house?
B: ＿＿＿＿ plane.

(2) *A:* ＿＿＿＿ ＿＿＿＿ your sister come to school?
B: She ＿＿＿＿ to school ＿＿＿＿ bike.

8 次の日本文を英語になおしなさい。

(1) 屋根の上に2羽の鳥がいます。

＿＿＿＿＿＿＿＿＿＿＿＿

(2) あなたはどのようにして図書館に来ますか。

＿＿＿＿＿＿＿＿＿＿＿＿

5 本文の理解

(1)( )のあとの語が単数か複数かに注目する。

(3)「～があります。」の文を組み立てる。

6 There is[are] ～. の否定文・疑問文

おぼえよう!

There is[are] ～. の文
・否定文は be 動詞のあとに not を置く。
・疑問文は there の前に be 動詞を出す。答えるときも there を使う。

7 手段・方法をたずねる文

・手段や方法をたずねるときは，How で始まる疑問文を作る。
・答えるときは Yes, No ではなく手段や方法を具体的に答える。

8 英作文

(1)「屋根の上に」は on the roof。
(2) How で始まる疑問文にする。

テストに出る！予想問題　PROGRAM 7 Research on Australia

30分　/100点

1 英文を聞いて，その内容にあう絵を１つ選び，記号で答えなさい。　a24　〔5点〕

ア  イ  ウ  エ 

(　　)

2 対話を聞いて，最後の発言の次に入る文として適するものを１つ選び，記号で答えなさい。　a25　〔5点〕

ア　You're welcome.　　イ　I like English.
ウ　Yes, I do.　　エ　I watch American movies.

(　　)

よく出る **3** 次の文を(　)内の指示にしたがって書きかえなさい。　5点×4〔20点〕

(1) My school has a computer room.　(There で始まるほぼ同じ意味の文に)

____

(2) Maki goes to school by bike.　(下線部をたずねる文に)

____

ミス注意！(3) There are some parks in the town.　(疑問文にして，Yes で答える文も)

____

— ____________________

やや難 (4) There are pencils on the desk.　(下線部を something にかえて)

____

4 次の日本文にあうように，____に適する語を書きなさい。　4点×5〔20点〕

(1) たとえば，彼はみんなに親切です。
______ ______, he is kind to everyone.

ミス注意！(2) 私は何か新しいものがほしいです。
I want ______ ______.

(3) あなたは13歳ですよね。　You are 13, ______?

(4) 私はとても幸せです。— 私もです。
I'm very happy. — ______ ______.

ミス注意！(5) 日本は今，秋です。　______ fall in Japan now.

5 次の会話文を読んで，あとの問いに答えなさい。 〔17点〕

Emily: ① I also have a Christmas party on the beach.
Mao: ② [does / how / come / Santa Claus]?
Emily: (③) jet ski or (④) a surfboard.
Ken: It's cool. Let's go to Australia someday.
Mao: ⑤ (　　　), (　　　).

(1) 下線部①を日本語になおしなさい。 〈4点〉
(　　　　　　　　　　　　　　　　　　　　　　　　　　　　　)

(2) 下線部②が「サンタクロースはどのようにしてやって来ますか。」という意味になるように，[　]内の語句を並べかえなさい。 〈4点〉

____

よく出る (3) ③，④の(　)に適する前置詞を書きなさい。 3点×2〈6点〉
③____________ ④____________

(4) 下線部⑤が「はい，そうしましょう。」という意味になるように，(　)に適する語を書きなさい。 〈3点〉

____________, ____________.

6 [　]内の語句を並べかえて，日本文にあう英文を書きなさい。 5点×3〔15点〕

(1) その動物園にはたくさんの動物がいます。
[many / are / the zoo / animals / there / in].

____

(2) あなたの市にはいくつか学校がありますか。
[any / your / schools / are / in / there / city]?

____

(3) あなたはどのようにしてカレーライスを作ることができますか。
[you / make / can / curry and rice / how]?

____

7 次の日本文を英語になおしなさい。 6点×3〔18点〕

(1) あなたはどのようにして自分の部屋を掃除しますか。

____

(2) この近くに大学(a college)はありますか。

____

(3) [(2)に答えて] はい，あります。この近くには2つの大学があります。

____

Steps 3 ～ Power-Up 5

話の組み立て方を考えよう ～ インタビューを聞こう

テストに出る! ココが要点&チェック!

疑問詞を使った疑問文(まとめ)

教 p.88 ➡★(1)(2)(3)(4)

what, who, which などを疑問詞という。疑問詞は文頭に置き，たずねたい事がらにあわせて適切な疑問詞を使う。答えるときは，Yes, No ではなく具体的に答える。

1	何？(もの・こと)	What do you like? — I like soccer.	あなたは何が好きですか。 —私はサッカーが好きです。
2	何時？(時刻)	What time do you get up? — I get up at six.	あなたは何時に起きますか。 —私は6時に起きます。
3	だれ？(人)	Who is that man? — He is my teacher.	あの男性はだれですか。 —彼は私の先生です。
		Who makes lunch? — My mother does.	だれが昼食を作りますか。 —私の母です。
4	どれ？(選択)	Which pencil is hers? — The long one is.	どちらの鉛筆が彼女のものですか。 —長いほうです。
5	どこ？(場所)	Where is he from? — He is from Tokyo.	彼はどこの出身ですか。 —彼は東京出身です。
6	いつ？(時)	When do you play tennis? — I play tennis after school.	あなたはいつテニスをしますか。 —私は放課後テニスをします。
7	だれの？(持ち主)	Whose car is this? — It's my father's.	これはだれの車ですか。 —私の父のです。
8	なぜ？(理由)	Why do you know Bob? — Because he is my classmate.	あなたはなぜボブを知っているのですか。 —なぜなら彼は私の同級生だからです。
9	どのように？(手段)	How do you come here? — I come here by car.	あなたはどうやってここに来ますか。 —私は車でここに来ます。
10	いくつ？(数)	How many bags do you have? — I have three bags.	あなたはかばんをいくつ持っていますか。 —私はかばんを3つ持っています。

☆チェック! 日本文にあうように，(　)内から適する語句を選びなさい。

□ (1) (What / Who) is she?　　彼女はだれですか。
— She is my aunt.　　— 彼女は私のおばです。

□ (2) (When / Where) does he live?　　彼はどこに住んでいますか。
— He lives in London.　　— 彼はロンドンに住んでいます。

□ (3) (Which / What) book do you like?　　あなたはどちらの本が好きですか。
— I like that one.　　— 私はあの本が好きです。

□ (4) (How / How many) pens do you have?　　あなたはペンを何本持っていますか。
— I have ten pens.　　— 私はペンを10本持っています。

☆チェック! の答えは次ページ

テスト対策問題

1 (1)～(4)は単語の意味を書きなさい。(5), (6)は日本語を英語にしなさい。

(1) reason (　　　)　(2) topic (　　　)
(3) life (　　　)　(4) teach (　　　)
(5) 学ぶ, 習う ＿＿＿＿　(6) 言語, ことば ＿＿＿＿

よく出る **2** 次の対話が成り立つように, ＿＿に適する語を書きなさい。

(1) *A:* ＿＿＿＿ are you busy?
B: ＿＿＿＿ I help my mother.
(2) *A:* ＿＿＿＿ does your sister swim?
B: She swims ＿＿＿＿ Tuesdays.
(3) *A:* ＿＿＿＿ are my balls?
B: ＿＿＿＿ are under the table.
(4) *A:* ＿＿＿＿ time is it now?
B: It's eight.

3 次の疑問文に対する答えとして適するものを下のア～オから選び, 記号で答えなさい。

(1) How do you go there? (　　)
(2) How's the weather today? (　　)
(3) How much is it? (　　)
(4) How many sisters do you have? (　　)
(5) How are you? (　　)

ア I'm fine.　イ It's 3,000 yen.　ウ I have two.
エ By train.　オ It's rainy.

4 次の文を下線部が答えの中心となる疑問文に書きかえなさい。

(1) It's Monday today.（下線部: Monday）
＿＿＿＿＿＿＿＿＿＿＿＿
(2) They are my classmates.（下線部: my classmates）
＿＿＿＿＿＿＿＿＿＿＿＿

5 次の日本文を英語になおしなさい。

(1) あなたの学校はどこにありますか。
＿＿＿＿＿＿＿＿＿＿＿＿
(2) [(1)に答えて]　私の学校は千葉(Chiba)にあります。
＿＿＿＿＿＿＿＿＿＿＿＿

テスト対策ナビ

1 重要単語
(4)語尾に er をつけると teacher「先生」になる。

2 疑問詞を使った疑問文
(1)理由をたずねる文とその答え方を覚えよう。
(2)曜日を答えているので, 時をたずねる文にする。
(3) *B* では my balls を代名詞に置きかえる。
(4)「今何時ですか。」とたずねる文に。

3 How を使った疑問文

おぼえよう!
(4)数のたずね方
・〈How many＋名詞の複数形＋疑問文～?〉の形で表す。
・答えるときは, 具体的に数を言う。

(5)「お元気ですか。」に答える文に。

4 疑問詞を使った疑問文
(1)曜日をたずねる疑問文は What day で始める。

5 英作文
(2)「千葉に」は前置詞 in を使う。

p.54 答 (1) Who (2) Where (3) Which (4) How many

 解答 p.16

テストに出る！

予想問題 Steps 3 ～ Power-Up 5
話の組み立て方を考えよう ～ インタビューを聞こう

30分 /100点

1 対話を聞いて，ケンが好きな季節を表す絵を１つ選び，記号で答えなさい。 a26 〔4点〕

( )

2 対話と質問を聞いて，その答えとして適するものを１つ選び，記号で答えなさい。 a27 〔4点〕

ア It's under his bed.　イ It's under the table.
ウ It's by his bed.　エ It's on the table.

( )

3 次の文を下線部が答えの中心となる疑問文に書きかえなさい。 5点×4〔20点〕

(1) Koki goes to the library <u>by bus</u>.

____

(2) These are <u>his</u> pencils.

____

ミス注意！ (3) I'm from <u>Nagoya</u>.

____

(4) This notebook is <u>100 yen</u>.

____

4 次の日本文にあうように，____に適する語を書きなさい。 5点×5〔25点〕

よく出る (1) 私は買い物に行きたいと思います。

________ like ________ go shopping.

(2) 彼は歌手になりたいと思っています。

He wants ________ ________ a singer.

ミス注意！ (3) 私は彼のようにじょうずに泳ぐことができます。

I can swim well ________ ________.

(4) 私は彼らが大好きです。

I like them ________ ________.

ミス注意！ (5) 彼女にはたくさんの友人がいます。

She has ________ ________ ________ friends.

5 次のサキのスピーチ原稿を読んで，あとの問いに答えなさい。 〔17点〕

Hello, everyone. Do you know T-band?
My favorite person is Ono Kazuya, ①(　　　)(　　　)(　　　) T-band.
I have three reasons.
First, I like ②(they) songs. And I like his *voice too.
Second, ③he is a very good dancer. His dance is beautiful.
Third, he is so cool, ④(　　　)(　　　).
So I like ⑤(he) very much.
* voice：声

(1) 下線部①が「Tバンドの一員の」という意味になるように，(　)に適する語を書きなさい。 〈4点〉

______ ______ ______

(2) ②，⑤の(　)内の語を適する形にかえなさい。 3点×2〈6点〉

② ______ ⑤ ______

(3) 下線部③をほぼ同じ意味になるように書きかえたとき，____に適する語を書きなさい。

he can ______ very well 〈4点〉

よく出る (4) 下線部④が「～ですよね。」という意味になるように，(　)に適する語を書きなさい。

, ______ ______. 〈3点〉

6 〔　〕内の語を並べかえて，日本文にあう英文を書きなさい。 5点×3〔15点〕

(1) あなたのお母さんはどちらの自転車を使いますか。
〔 your / bike / which / mother / does / use 〕?

ミス注意! (2) あなたは放課後，何をしますか。
〔 do / do / after / what / you / school 〕?

(3) トムはなぜ日本語を勉強するのですか。
〔 Tom / does / Japanese / why / study 〕?

7 次の日本文を英語になおしなさい。 5点×3〔15点〕

(1) カオリ(Kaori)の誕生日はいつですか。

(2) [(1)に答えて] 彼女の誕生日は9月12日です。

やや難 (3) これらの定規はいくらですか。

The Year-End Events ～ 絵や写真を英語で表現しよう

テストに出る！ ココが要点&チェック！

現在進行形

教 p.95～p.101

1 肯定文「(今)～しています。」

→チェック！★(1)(2)(3)

「(今)～しています。」と，今，進行している動作を言うときは，〈be 動詞(am, are, is)＋動詞の -ing 形〉で表す。この形を現在進行形という。

現在形 I study. 私は勉強します。

⇩

→動詞を -ing 形にする

現在進行形 I'm studying now. 私は今，勉強しています。

〈be 動詞＋動詞の -ing 形〉
→be 動詞(am, are, is)は主語により使い分ける

Eita is cleaning the room. エイタは部屋を掃除しています。

〈be 動詞＋動詞の -ing 形〉

動詞の -ing 形の作り方

そのまま ing	語尾の e をとって ing	語尾の子音字を重ねて ing
go → going	come → coming	run → running
play → playing	make → making	sit → sitting
study → studying	have → having	swim → swimming

★現在形と現在進行形の違い

現在形…今の状態やふだんの習慣などを表す。

He makes *ramen*. 彼はラーメンを作ります。←(今現在ではなく，ふだん作るという意味)

現在進行形…今現在の一時点で，進行中の動作を表す。

He is making *ramen*. 彼はラーメンを作っています。←(今まさに作っているところという意味)

★進行形にしない動詞

状態を表す like(好きである)や want(ほしい)は進行形にしない。have は「持っている」の意味で使うときは進行形にしないが，「食べる」の意味で使うときは進行形にすることもある。

2 否定文「(今)～していません。」

→チェック！★(4)(5)

「(今)～していません。」と言うときは，be 動詞のあとに not を置く。

肯定文 I am studying now. 私は今，勉強しています。

⇩

否定文 I'm not studying now. 私は今，勉強していません。

→be 動詞のあとに not

Eita is not cleaning the room. エイタは部屋を掃除していません。

短縮形は isn't← →be 動詞のあとに not

3 疑問文「(今)～していますか。」

☆チェック!(6)(7)

「(今)～していますか。」とたずねるときは，be 動詞を主語の前に出す。答えるときも be 動詞を使い，Yes，No で答える。

肯定文 I'm studying now. 私は今，勉強しています。

主語の前に出す

疑問文 **Are** you **studying** now**?** あなたは今，勉強していますか。

— Yes, I **am**. / No, I**'m** not. — はい，しています。/ いいえ，していません。

be 動詞を使って答える

Is Eita **cleaning** the room? エイタは部屋を掃除していますか。

— Yes, he **is**. / No, he **isn't**. — はい，しています。/ いいえ，していません。

4 何をしているかをたずねる文 「(今)何をしていますか。」

☆チェック!(8)(9)

今していることをたずねるときは，what を文の最初に置き，現在進行形の疑問文の形を続ける。答えるときは，していることを具体的に言う。what 以外の疑問詞も使い方は同じ。

What are you doing? あなたは何をしていますか。

(What → 文の最初に / are you doing → 現在進行形の疑問文)

— I'm reading a book. — 私は本を読んでいます。

(現在進行形で答える / 「何を」の答え)

What is Eita doing? エイタは何をしていますか。

(What → 文の最初に / is Eita doing → 現在進行形の疑問文)

— He is cleaning the room. — 彼は部屋を掃除しています。

(現在進行形で答える / 「何を」の答え)

☆チェック! (1)～(3)は(　)内の語を適する形にかえて書きなさい。(4)～(9)は(　)内から適する語句を選びなさい。

1

□ (1) I am (　　　) lunch now. (make) 私は今，昼食を作っています。

□ (2) She is (　　　) now. (swim) 彼女は今，泳いでいます。

□ (3) You are (　　　) now. (dance) あなたは今，ダンスをしています。

2

□ (4) We (don't / aren't) talking. 私たちは話していません。

□ (5) Mary (doesn't / isn't) playing tennis. メアリーはテニスをしていません。

3

□ (6) Are you (reading / read) a book now? あなたは今，本を読んでいますか。
— Yes, I (am / do). — はい，読んでいます。

□ (7) (Is / Does) Masaki studying math now? マサキは今，数学を勉強していますか。
— No, he (isn't / doesn't). — いいえ，していません。

4

□ (8) (What / How) are they (doing / do) now? 彼らは今，何をしていますか。
— They (are singing / sing). — 彼らは歌っています。

□ (9) (What / Where) is she (visit / visiting) now? 彼女は今，どこを訪れていますか。
— She (visits / is visiting) Hokkaido. — 彼女は北海道を訪れています。

☆チェック! の答えは次ページ

解答 p.16

テスト対策問題

リスニング

♪ a28

1 対話を聞いて，その内容にあう絵を１つ選び，記号で答えなさい。

(　　　)

2 (1)〜(6)は単語の意味を書きなさい。(7)〜(10)は日本語を英語にしなさい。

(1) wipe (　　　　)　(2) feel (　　　　)
(3) dad (　　　　)　(4) magazine (　　　　)
(5) set (　　　　)　(6) event (　　　　)
(7) 助ける，手伝う ＿＿＿＿　(8) 必要とする ＿＿＿＿
(9) 待つ ＿＿＿＿　(10) 伝統的な ＿＿＿＿

2 重要単語

(3) father の口語的な言い方。dad の対の意味を表す語は mom。

3 次の日本文にあうように，＿＿に適する語を書きなさい。

(1) テレビを消しなさい。
＿＿＿＿ ＿＿＿＿ the TV.
(2) 買い物に行きませんか。
＿＿＿＿ ＿＿＿＿ ＿＿＿＿ go shopping?
(3) ほんとうに？　Are you ＿＿＿＿?
(4) 彼は今，何をしているでしょうか。
＿＿＿＿ is he ＿＿＿＿ now?
(5) 私を手伝ってください。　— わかりました。
Please help me. — All ＿＿＿＿.
(6) 上着を着なさい。　＿＿＿＿ ＿＿＿＿ a jacket.

3 重要表現

(1)動詞から始めて命令文の形にする。「テレビをつける」は turn on the TV。
(2)人を誘うときの表現。1 語で表すと Let's〜.。
(5)「了解しました。」と同意。

よく出る **4** 次の文の＿＿に，(　)内の語を適する形にかえて書きなさい。

(1) Saori is ＿＿＿＿ breakfast now. (make)
(2) We are ＿＿＿＿ home. (come)
(3) I am ＿＿＿＿ at the station. (wait)
(4) We are ＿＿＿＿ off our shoes. (take)
(5) My mother is ＿＿＿＿ curry. (cook)
(6) They are ＿＿＿＿ their teacher. (help)
(7) Naoya is ＿＿＿＿ a letter. (write)

4 現在進行形・肯定文

おぼえよう!

-ing 形の作り方
①そのまま ing
going, listening など
②語尾の e をとって ing
coming, writing など
③語尾の子音字を重ねて ing
running, sitting, swimming など

p.59 答　(1) making　(2) swimming　(3) dancing　(4) aren't　(5) isn't　(6) reading / am　(7) Is / isn't　(8) What, doing / are singing　(9) Where, visiting / is visiting

5 次の会話文を読んで，あとの問いに答えなさい。

Jack:	Hey, Emily. Please help me. ① (　　　)(　　　) come here?
Emily:	Sorry, ② I can't, Dad. ③ I'm cleaning the bathroom now.
Jack:	OK. How about you, Mark?
Mark:	I'm busy. I'm cleaning the living room.

ミス注意! (1) 下線部①が「ここに来てもらえますか。」という意味になるように，(　)に適する語を書きなさい。

＿＿＿＿＿＿ ＿＿＿＿＿＿

(2) 下線部②を can't のあとに入る言葉を補って日本語になおしなさい。　(　　　　　　　　　　　　)

(3) 下線部③の cleaning～now が答えの中心となる疑問文を作りなさい。

＿＿＿＿＿＿＿＿＿＿＿＿＿＿＿＿＿＿＿＿

(4) マークが忙しいのはなぜですか。日本語で答えなさい。
(　　　　　　　　　　　　　　　　　　　)

6 次の文を，現在進行形の否定文に書きかえなさい。

(1) Koji doesn't ride a bike.　(5語で)

＿＿＿＿＿＿＿＿＿＿＿＿＿＿＿＿＿＿＿＿

(2) I don't study Japanese.　(4語で)

＿＿＿＿＿＿＿＿＿＿＿＿＿＿＿＿＿＿＿＿

(3) These boys don't eat ice cream.　(6語で)

＿＿＿＿＿＿＿＿＿＿＿＿＿＿＿＿＿＿＿＿

7 次の対話が成り立つように，＿＿に適する語を書きなさい。

(1) *A:* ＿＿＿＿＿＿ Ms. Inoue using a computer now?
　B: Yes, ＿＿＿＿＿＿ ＿＿＿＿＿＿.

(2) *A:* ＿＿＿＿＿＿ they listening to music?
　B: No, they ＿＿＿＿＿＿.

(3) *A:* ＿＿＿＿＿＿ ＿＿＿＿＿＿ you ＿＿＿＿＿＿ now?
　B: I ＿＿＿＿＿＿ having lunch.

8 次の日本文を英語になおしなさい。

(1) 私は今，アキ(Aki)と話しています。　(5語で)

＿＿＿＿＿＿＿＿＿＿＿＿＿＿＿＿＿＿＿＿

(2) 彼は今，公園で走っていますか。

＿＿＿＿＿＿＿＿＿＿＿＿＿＿＿＿＿＿＿＿

5 本文の理解

(1)依頼を表す表現。
(2) Jack の依頼に対する返答なので，補う語句は go there となる。
(3) what で始まる現在進行形の疑問文を作る。

6 現在進行形・否定文

現在進行形の否定文は be 動詞のあとに not を置く。

7 現在進行形・疑問文

ポイント

・現在進行形の疑問文は主語の前に be 動詞を出す。
・答えるときも be 動詞を使う。
・疑問詞を使うときは，疑問詞を文頭に置き，現在進行形の疑問文の形を続ける。

8 英作文

(1)「～と話す」は talk with～。
(2)「公園で」は in the park。

 解答 p.17

予想問題 PROGRAM 8 ～ Steps 5

The Year-End Events ～ 絵や写真を英語で表現しよう

30分　/100点

1 絵に関する質問を聞いて，答えとして適するものを１つ選び，記号で答えなさい。 ♪a29 〔4点〕

ア Yes, he is.
イ Yes, they are.
ウ They are in the park.

(　　)

2 対話と質問を聞いて，その答えとして適するものを１つ選び，記号で答えなさい。 ♪a30 〔4点〕

ア He is studying science.　イ He is writing a letter.
ウ He is sleeping.　エ Yes, he is.

(　　)

3 次の日本文にあうように，＿＿に適する語を書きなさい。 3点×6〔18点〕

(1) わかりました。 All ＿＿＿＿.

ミス注意！ (2) 私は何も持っていません。
I don't have ＿＿＿＿.

(3) あなたは泳ぐことができますか。—もちろん。
Can you swim? — ＿＿＿＿ ＿＿＿＿.

(4) 私たちは新年のためにおせちを作っています。
We are making *osechi* for the ＿＿＿＿ ＿＿＿＿.

(5) 彼女は今，部屋で音楽を聞いています。
She is ＿＿＿＿ ＿＿＿＿ music in her room now.

(6) 空中にリンゴの絵を描いてください。
Please draw an apple ＿＿＿＿ ＿＿＿＿ ＿＿＿＿.

よく出る **4** 次の文を(　)内の指示にしたがって書きかえなさい。 5点×3〔15点〕

(1) You don't teach math. （文末に now を加えて現在進行形の５語の否定文に）

＿＿＿＿＿＿＿＿＿＿＿＿＿＿＿＿

(2) Do they drink juice? （文末に now を加えて現在進行形の疑問文に）

＿＿＿＿＿＿＿＿＿＿＿＿＿＿＿＿

やや難 (3) <u>Yuki</u> is playing the guitar. （下線部が答えの中心となる疑問文に）

＿＿＿＿＿＿＿＿＿＿＿＿＿＿＿＿

5 次の対話文を読んで，あとの問いに答えなさい。 〔19点〕

Daniel: I'm ①(come). What are you ②(do), Mom?
Helen: ③ I'm mashing sweet potatoes. It's very hard.
Daniel: OK. ④ I can do it for you. Are you making potato salad?
Helen: ⑤ No, (　　　)(　　　). I'm making *kurikinton*.

(1) ①，②の(　)内の語を適する形にかえなさい。 2点×2〈4点〉
①＿＿＿＿＿＿ ②＿＿＿＿＿＿

(2) 下線部③の英文を日本語になおしなさい。 〈3点〉
(　　　　　　　　　　　　　　　　)

ミス注意! (3) 下線部④の英文を do it の内容を明らかにして日本語になおしなさい。 〈3点〉
(　　　　　　　　　　　　　　　　)

(4) 下線部⑤の(　)に適する語を書きなさい。 ＿＿＿＿＿＿ ＿＿＿＿＿＿ 〈4点〉

ミス注意! (5) 次の質問に4語の英語で答えなさい。 〈5点〉
What is Helen making?

＿＿＿＿＿＿＿＿＿＿＿＿＿＿＿＿

よく出る **6** 〔　〕内の語句を並べかえて，日本文にあう英文を書きなさい。 5点×4〔20点〕

(1) 私の弟は今, 昼食を食べていません。[isn't / my / now / eating / brother / lunch].

＿＿＿＿＿＿＿＿＿＿＿＿＿＿＿＿

(2) トムのおかあさんは今, 何をしていますか。[doing / mother / is / now / Tom's / what]?

＿＿＿＿＿＿＿＿＿＿＿＿＿＿＿＿

(3) 私は今, ホワイト先生と話しています。[Mr. White / I / talking / with / am / now].

＿＿＿＿＿＿＿＿＿＿＿＿＿＿＿＿

(4) 彼女は今，どこへ行くところですか。 〔 going / she / where / is / now 〕?

＿＿＿＿＿＿＿＿＿＿＿＿＿＿＿＿

7 次の日本文を英語になおしなさい。 5点×4〔20点〕

(1) 健(Ken)は今，彼のコンピュータを使っていません。 (6語で)

＿＿＿＿＿＿＿＿＿＿＿＿＿＿＿＿

やや難 (2) 彼らは今，何のスポーツをしていますか。 (play を適切な形にして使って)

＿＿＿＿＿＿＿＿＿＿＿＿＿＿＿＿

やや難 (3) [(2)に答えて] 彼らは今，体育館(gym)で卓球(table tennis)をしています。

＿＿＿＿＿＿＿＿＿＿＿＿＿＿＿＿

(4) メアリー(Mary)は今，公園で写真をとっています。 (pictures を使って)

＿＿＿＿＿＿＿＿＿＿＿＿＿＿＿＿

A Trip to Finland ～ 文の内容を整理し，表現しよう

テストに出る！ ココが要点&チェック！

一般動詞の過去形（規則動詞と不規則動詞）

教 p.103～p.111

1 過去の肯定文（規則動詞）「～しました。」

チェック！(1)(2)

過去の出来事を言うときは，動詞を過去形にする。動詞の語尾に -(e)d をつけて過去形を作る動詞を規則動詞という。過去形は主語が何でも形は同じ。

現在形 I watch TV on Sundays. 私は日曜日，テレビを見ます。

↓

過去形 I watched TV last Sunday. 私はこの前の日曜日，テレビを見ました。
(watched → 動詞を過去形に　last Sunday → 過去を表す語句)

現在形 Ken cleans his room every day. ケンは毎日，彼の部屋を掃除します。

↓

過去形 Ken cleaned his room yesterday. ケンは昨日，彼の部屋を掃除しました。
(cleaned → 動詞を過去形に　yesterday → 過去を表す語)

規則動詞の過去形

	-e(d)の発音
-ed をつける	
visit（訪ねる） → visited	[id]
look（見る） → looked	[t]
-d だけをつける	
use（使う） → used	[d]
live（住んでいる） → lived	[d]
y を i にかえて -ed をつける	
study（勉強する） → studied	[d]
try（やってみる） → tried	[d]
語尾の子音字を重ねて -ed をつける	
stop（止まる） → stopped	[t]

過去	今
played（過去形） すでに終わった出来事	play(s)（現在形） 今の状態やふだんの習慣

2 過去の肯定文（不規則動詞）「～しました。」

チェック！(3)(4)(5)(6)

動詞の中には動詞の語尾に -(e)d をつけるのではなく，不規則に変化して過去形を作るものもある。このような動詞を不規則動詞という。

過去形 I had a good time yesterday. 私は昨日，楽しい時を過ごしました。
(had → 動詞を過去形に（原形は have）　yesterday → 過去を表す語)

Eri ate an ice cream bar. エリはアイスクリームを食べました。
(ate → 動詞を過去形に（原形は eat）)

不規則動詞の過去形

母音字の部分が変化	語尾が d や t に変化	語尾の子音字が変化	その他
come → came	tell → told	have → had	go → went
give → gave	lose → lost	make → made	put → put
eat → ate	leave → left	build → built	read → read
speak → spoke	keep → kept		[ri:d]　[red]

3 過去の否定文 「～しませんでした。」

➡チェック!★(7)(8)

過去の否定文は動詞の前に didn't[did not] を置き，あとの動詞を原形にする。過去の文では，主語が何であっても didn't[did not] を使う。

否定文 I **didn't** watch TV yesterday. 私は昨日，テレビを見ませんでした。
動詞の前に ← ／ → 動詞を原形に

Eri **didn't** eat an ice cream bar. エリはアイスクリームを食べませんでした。
動詞の前に ← ／ → 動詞は原形 ← 主語が三人称・単数でも作り方は同じ

4 過去の疑問文 「～しましたか。」「何をしましたか。」

➡チェック!★(9)(10)(11)

過去の疑問文は，主語の前に did を置き，あとの動詞を原形にする。答えるときも did を使う。「何をしましたか。」など，疑問詞を使う疑問文は疑問詞で始め，あとに過去の疑問文を続ける。

疑問文 **Did** you watch TV yesterday? あなたは昨日，テレビを見ましたか。
主語の前に ← ／ → 動詞を原形に

答え方 — Yes, I **did**. / No, I **did not[didn't]**. — はい，見ました。/ いいえ，見ませんでした。
→ did を使って答える

疑問詞で始まる疑問文 **What** **did** you do yesterday? あなたは昨日，何をしましたか。
文の最初に ← ／ → 何 ／ → 過去の疑問文

— I studied English. — 私は英語を勉強しました。
動詞は過去形 ← ／ → Yes, No ではなく，具体的に答える

☆チェック! 日本文にあうように，(　)内から適する語を選びなさい。

1
- □ (1) I (play / played) baseball yesterday. 私は昨日，野球をしました。
- □ (2) We (study / studied) math last Friday. 私たちはこの前の金曜日に数学を勉強しました。

2
- □ (3) I (get / got) up early yesterday morning. 私は昨日の朝，早く起きました。
- □ (4) My grandmother (makes / made) a cake. 私の祖母はケーキを作りました。
- □ (5) They (buy / bought) a big table. 彼らは大きなテーブルを買いました。
- □ (6) Our team (wins / won) the baseball game. 私たちのチームは野球の試合に勝ちました。

3
- □ (7) We (don't / didn't) use the computer. 私たちはそのコンピュータを使いませんでした。
- □ (8) David didn't (come / came) here yesterday. デイビッドは昨日，ここに来ませんでした。

4
- □ (9) Did Ken (dance / danced)? ケンは踊りましたか。
  — Yes, he (do / did). — はい，踊りました。
- □ (10) (Do / Did) you visit his house last Monday? あなたはこの前の月曜日，彼の家を訪れましたか。
  — No, I (don't / didn't). — いいえ，訪れませんでした。
- □ (11) What (do / did) you do last weekend? あなたはこの前の週末に何をしましたか。
  — I (go / went) to the movies with John. — 私はジョンと映画を見に行きました。

☆チェック! の答えは次ページ

テスト対策問題

リスニング

♪ a31

1 対話を聞いて，その内容にあう絵を１つ選び，記号で答えなさい。

(　　　)

2 (1)～(6)は単語の意味を書きなさい。(7)～(10)は日本語を英語にしなさい。

(1) tasty (　　　　)　(2) people (　　　　)
(3) bitter (　　　　)　(4) once (　　　　)
(5) until (　　　　)　(6) rise (　　　　)
(7) 滞在する，泊まる ＿＿＿＿　(8) 勝つ ＿＿＿＿
(9) 球場，競技場 ＿＿＿＿　(10) 発明する ＿＿＿＿

2 重要単語
(2)元々の意味が複数を表すので，複数形にはしない。

よく出る

3 次の日本文にあうように，＿＿に適する語を書きなさい。

(1) 私たちは一日じゅうテニスをしました。
We played tennis ＿＿＿＿ ＿＿＿＿.
(2) 私はカレーライスを食べすぎました。
I ate curry and rice ＿＿＿＿ ＿＿＿＿.
(3) あなたは昨日，どこかに行きましたか。
Did you ＿＿＿＿ ＿＿＿＿ yesterday?
(4) この雑誌をちょっと見てください。
＿＿＿＿ a ＿＿＿＿ ＿＿＿＿ this magazine.
(5) 私たちは昨日，少し話しました。
We talked ＿＿＿＿ ＿＿＿＿ yesterday.

3 重要表現
(3)疑問文で「どこかに」は anywhere で表す。
(4)命令文は動詞で文を始める。
(5)反対の意味を表す語句は a lot。

4 次の文の＿＿に，(　)内の語を適する形にかえて書きなさい。ただし形がかわらないものもある。

(1) I ＿＿＿＿ in Nagano three years ago. (live)
(2) Ayumi ＿＿＿＿ her mother last Sunday. (help)
(3) They ＿＿＿＿ the ball yesterday. (use)
ミス注意！ (4) Hiroshi ＿＿＿＿ the letter yesterday. (read)
(5) Ann ＿＿＿＿ her pen last night. (find)
(6) My father ＿＿＿＿ his car last week. (wash)
(7) Mr. Yajima ＿＿＿＿ to the party yesterday. (go)

4 規則動詞・不規則動詞の過去形

ポイント
・一般動詞の過去形は主語が何であっても同じ形で表す。
・過去形には，動詞の語尾に -(e)d をつけて過去形を作る規則動詞と，不規則に変化して過去形を作る不規則動詞がある。

p.65 答　(1) played　(2) studied　(3) got　(4) made　(5) bought　(6) won　(7) didn't　(8) come　(9) dance / did　(10) Did / didn't　(11) did / went

5 次の会話文を読んで，あとの問いに答えなさい。

Miki:	Well, do you know *salmiakki*?
Daniel:	No, I don't. ①(　　　) that?
Miki:	②It's a bitter and salty candy. Many Finnish people like it.
	③〔 the trip / ate / it / only / I / during / once 〕.
Ken:	Is it tasty?

(1) 下線部①が「それは何ですか。」という意味になるように，(　)に適する語を書きなさい。 ＿＿＿＿

(2) 下線部②を It の内容を明らかにして，日本語になおしなさい。
(　　　　　　　　　　　　　　　　　　)

(3) 下線部③が「私はそれを旅行中に一回だけ食べました。」という意味になるように，〔　〕内の語句を並べかえなさい。

＿＿＿＿＿＿＿＿＿＿＿＿＿＿＿＿

5 本文の理解
(1)空所の数に合わせて短縮形を使う。
(2) It は前に出た単数形の名詞の代わりに使われる。
(3) once は「一回」。

6 次の文を(　)内の指示にしたがって書きかえるとき，＿＿に適する語を書きなさい。

(1) He came to my house yesterday. (否定文に)
He ＿＿＿＿ ＿＿＿＿ to my house yesterday.

(2) I took a sauna last week. (否定文に)
I ＿＿＿＿ ＿＿＿＿ a sauna last week.

(3) They don't have a party. (文末に last night を加えて)
They ＿＿＿＿ ＿＿＿＿ a party last night.

6 過去の否定文
(1)(2)過去の否定文は動詞の前に didn't[did not] を置く。動詞は原形に。
(3) last night は「昨夜」。last 〜は過去を表す語句なので過去の文にする。

7 次の対話が成り立つように，＿＿に適する語を書きなさい。

(1) *A*: ＿＿＿＿ you help your mother?
B: Yes, I did.

(2) *A*: ＿＿＿＿ Mr. Kaneko cook dinner yesterday?
B: No, ＿＿＿＿ ＿＿＿＿.

(3) *A*: ＿＿＿＿ ＿＿＿＿ you go four days ago?
B: I ＿＿＿＿ to the big park.

7 過去の疑問文

ミス注意！
・過去の疑問文は主語の前に did を置く。
・過去の疑問文では，動詞は原形。

8 次の日本文を英語になおしなさい。

(1) あなたは昨夜，宿題をしましたか。

＿＿＿＿＿＿＿＿＿＿＿＿＿＿＿＿

ミス注意！ (2) 彼女は5日前に沖縄(Okinawa)を訪れました。

＿＿＿＿＿＿＿＿＿＿＿＿＿＿＿＿

8 英作文
(1)「宿題をする」は do one's homework。
(2)「5日前に」は five days ago。

テストに出る！ 予想問題

PROGRAM 9 ～ Steps 6
A Trip to Finland ～ 文の内容を整理し，表現しよう

30分　/100点

1 対話を聞いて，その内容にあう絵を1つ選び，記号で答えなさい。 a32 〔4点〕

( )

2 対話と質問を聞いて，その答えとして適するものを1つ選び，記号で答えなさい。 a33 〔4点〕

ア He went there by train.　イ He went there by plane.
ウ He went there last summer.　エ He went to Nagasaki.　( )

よく出る **3** 次の日本文にあうように，___に適する語を書きなさい。 4点×5〔20点〕

(1) 日本は富士山(Mt. Fuji)で有名です。
Japan is ______ ______ Mt. Fuji.

(2) 私は昨年，一度彼に会いました。
I saw him ______ last year.

ミス注意！ (3) なんて美しいのでしょう。
______ beautiful!

(4) 太陽は，6月は沈みません。
The sun doesn't ______ ______ in June.

(5) 彼はサウナに入り，それから湖に飛びこみました。
He took a sauna ______ ______ jumped into a lake.

4 次の文を( )内の指示にしたがって書きかえなさい。 4点×5〔20点〕

(1) Aki ate *onigiri* for lunch. (疑問文に)

____

(2) Bob takes a bath <u>every morning</u>. (下線部を yesterday morning にかえて)

____

(3) We have two dogs. (文末に four years ago を加えて)

____

ミス注意！ (4) Nancy made <u>a cake</u> with her mother. (下線部をたずねる文に)

____

ミス注意！ (5) Mr. Black bought <u>seven</u> notebooks. (下線部をたずねる文に)

____

5 次の対話文を読んで，あとの問いに答えなさい。〔22点〕

Miki: I ①(see) a reindeer on the road.
Daniel: On the road? Amazing!
Miki: And ② I enjoyed the long nights.
Daniel: ③ (　　) do you (　　)?
Miki: The sun didn't rise until 11 a.m.
Daniel: ④ [did / time / the sun / what / set] then?
Miki: About 2 p.m.
Daniel: I didn't know ⑤ that.

よく出る (1) ①の語を過去形になおしなさい。＿＿＿＿ 〈4点〉

(2) 下線部②を日本語になおしなさい。〈5点〉
(　　　　　　　　　　　　　　　　)

(3) 下線部③が「それはどういう意味ですか。」という意味になるように，＿＿に適する語を書きなさい。＿＿＿＿ do you ＿＿＿＿? 〈4点〉

(4) 下線部④が「それでは太陽は何時に沈みましたか。」という意味になるように，〔　〕内の語句を並べかえなさい。〈5点〉
＿＿＿＿＿＿＿＿＿＿＿＿＿＿＿＿ then?

(5) 次の日本文が下線部⑤の具体的な内容を表すように，(　)に適する語を書きなさい。〈4点〉
太陽が(　　　　　　)まで昇らず，(　　　　　　)に沈むということ。

6 〔　〕内の語句を並べかえて，日本文にあう英文を書きなさい。5点×3〔15点〕

(1) 私は体育館であなたのかばんを見つけました。[your / I / the gym / found / in / bag].

ミス注意! (2) マイクは彼らに自分の国について話しましたか。
〔 Mike / his / tell / about / them / country / did 〕?

(3) 私は3日前，ホワイト先生を見ました。〔 Mr. White / ago / I / three / saw / days 〕.

7 次の日本文を英語になおしなさい。5点×3〔15点〕

(1) 彼らは先週，テニスをしませんでした。

(2) 彼女はいつ動物園(zoo)に行きましたか。

やや難 (3) [(2)に答えて] 彼女はこの前の土曜日にそこへ行きました。

PROGRAM 10

Grandma Baba's Warming Ideas!

テストに出る！ ココが要点&チェック！

be 動詞の過去形

教 p.113〜p.123

1 肯定文

(1)

「〜でした。」という過去の状態や，「(〜が)ありました[いました]。」という過去の存在を表すときは be 動詞の過去形を使う。am, is の過去形は was，are の過去形は were で表す。

現在形　Nao is a student.　ナオは生徒です。

⇩ is の過去形は was

過去形　Nao **was** a student at that time.　ナオはそのとき生徒でした。

be 動詞を過去形に　過去を表す語句

You **were** busy yesterday.　あなた(たち)は昨日，忙しかったです。

be 動詞を過去形に　are の過去形は were　過去を表す語

2 否定文

(2)

「〜ではありませんでした。」，「(〜が)ありません[いません]でした。」は be 動詞の過去形のあとに not を置く。

否定文　Nao **was not** a student at that time.　ナオはそのとき生徒ではありませんでした。

短縮形は wasn't　be 動詞のあとに

You **were not** busy today.　あなた(たち)は今日，忙しくありませんでした。

短縮形は weren't　be 動詞のあとに

3 疑問文

(3)

「〜でしたか。」や「(〜が)ありました[いました]か。」とたずねるときは be 動詞の過去形を主語の前に出す。疑問詞を使った疑問文は疑問詞で始め，be 動詞の過去の疑問文を続ける。

疑問文　**Was** Nao a student at that time?　ナオはそのとき生徒でしたか。

be 動詞を主語の前に

答え方　— Yes, she **was**. / No, she **wasn't**.　— はい，生徒でした。/ いいえ，生徒ではありませんでした。

be 動詞を使って答える

be 動詞を主語の前に

疑問文　**Were** you busy today?　あなたたちは今日，忙しかったですか。

答え方　— Yes, we **were**. / No, we **weren't**.　— はい，忙しかったです。/ いいえ，忙しくありませんでした。

be 動詞を使って答える

疑問詞で始まる疑問文

Where were you last week?　あなたは先週，どこにいましたか。

文の最初に　どこ　be 動詞の過去の疑問文

— I was in Nagoya last week.　— 私は先週，名古屋にいました。

Yes，No ではなく，具体的に答える

過去進行形

4 肯定文

過去のあるときに「～していました。」と言うときは，〈was[were]＋動詞の -ing 形〉で表す。この形を過去進行形という。

過去形 I read a textbook yesterday. 私は昨日，教科書を読みました。

⇩

過去進行形 I **was reading** a textbook then. 私はそのとき教科書を読んでいました。

→〈be 動詞の過去形＋動詞の -ing 形〉　→過去のあるときを表す語

5 否定文

「～していませんでした。」と言うときは，was または were のあとに not を置く。

肯定文 I was reading a textbook then.

⇩

否定文 I was **not** reading a textbook then. 私はそのとき教科書を読んでいませんでした。

短縮形は wasn't←　→be 動詞のあとに

6 疑問文

「～していましたか。」とたずねるときは，was または were を主語の前に出す。疑問詞を使った疑問文は疑問詞で始め，過去進行形の疑問文を続ける。

疑問文 **Were** you reading a textbook then? あなたはそのとき教科書を読んでいましたか。

主語の前に←　→現在進行形と語順は同じ

答え方 — Yes, I **was**. / No, I **wasn't**. — はい，読んでいました。／いいえ，読んでいませんでした。

→be 動詞を使って答える

疑問詞で始まる疑問文

What was Eito doing then? エイトはそのとき何をしていましたか。

文の最初に←　→何を

— He was playing tennis then. — 彼はそのときテニスをしていました。

Yes，No ではなく，具体的に答える

☆チェック! 日本文にあうように，(　)内から適する語句を選びなさい。

1 □ (1) I (was / were) sad at that time. 私はそのとき悲しかったです。

2 □ (2) We (wasn't / weren't) in the zoo yesterday. 私たちは昨日，動物園にいませんでした。

3 □ (3) (Were / Was) they famous twenty years ago? 彼らは 20 年前，有名でしたか。
— Yes, they (was / were). — はい，有名でした。

4 □ (4) Rumi (was making / making) a cake then. ルミはそのとき，ケーキを作っていました。

5 □ (5) I (wasn't / weren't) running then. 私はそのとき，走っていませんでした。

6 □ (6) Where (was he / he was) singing then? 彼はそのときどこで歌っていましたか。
— He (was / were) singing in the gym. — 彼は体育館で歌っていました。

☆チェック! の答えは次ページ

 解答 p.20

テスト対策問題

リスニング

♪ a34

1 対話を聞き，その内容にあう絵を１つ選び，記号で答えなさい。

(　　　)

2 (1)〜(6)は単語の意味を書きなさい。(7)〜(10)は日本語を英語にしなさい。

(1) young (　　　　)　(2) sleepy (　　　　)
(3) fly (　　　　)　(4) surprised (　　　　)
(5) follow (　　　　)　(6) leg (　　　　)
(7) 終える ＿＿＿＿　(8) 電話をかける ＿＿＿＿
(9) come の過去形 ＿＿＿＿　(10) 言う ＿＿＿＿

よく出る **3** 次の日本文にあうように，＿＿に適する語を書きなさい。

(1) どうしたのですか。 ＿＿＿＿ the ＿＿＿＿?
(2) ただいま。 ＿＿＿＿ ＿＿＿＿.
(3) 私たちは電車に乗りました。
We ＿＿＿＿ ＿＿＿＿ the train.
(4) 私の手にしがみついてください。
＿＿＿＿ ＿＿＿＿ ＿＿＿＿ my hand.
(5) 私はこのようにしてケーキを作ります。
I make a cake ＿＿＿＿ ＿＿＿＿.
(6) あの山を見てください。
＿＿＿＿ ＿＿＿＿ that mountain.

4 次の文の(　)内から適する語を選び，○で囲みなさい。

(1) I (was / were) at home yesterday.
(2) Ayumi (was / were) a doctor at that time.
(3) They (wasn't / weren't) hungry.
(4) He (wasn't / didn't) sad then.
ミス注意! (5) Ken (was / did) his homework last night.
(6) Judy and I (was / were) surprised then.
(7) Mr. Matsui (wasn't / weren't) sleepy today.
(8) (I / You) were in Japan last year.

2 重要単語
(1), (7)反対の意味を表す語はそれぞれ old, start。

3 重要表現
(1)相手に様子を聞くときの決まった表現。
(3)動詞を過去形にすることに注意する。
(4)(6)命令文は動詞で文を始める。

4 be 動詞の過去形

ポイント
be 動詞の過去形の使い分け
I, she, he, it など
→ was
you, we, they など
→ were

(5)do 〜 's homework は「宿題をする」。do は「〜をする」という意味。

p.71 答 (1) was (2) weren't (3) Were / were (4) was making (5) wasn't (6) was he / was

5 次の英文を読んで，あとの問いに答えなさい。

Bang! The bed ①(*break*) *with a terrible sound.* ② *It wasn't strong enough.*
All the animals: Oh, no! ③〔 that / was / bad / a / idea 〕?
Grandma Baba: No, it wasn't. Mmm, watch this.
She ④(*cut*) *the legs off the bed.*

ミス注意! (1) ①，④の(　)内の語を過去形になおしなさい。
① ＿＿＿＿＿＿　④ ＿＿＿＿＿＿

(2) 下線部②を It の内容を明らかにして，日本語になおしなさい。
(　　　　　　　　　　　　　　　　　　　　)

(3) 下線部③が「それは悪い考えでしたか。」という意味になるように，〔　〕の語を並べかえなさい。
＿＿＿＿＿＿＿＿＿＿＿＿＿＿＿＿＿＿＿＿＿＿＿＿

6 次の対話が成り立つように，＿＿に適する語を書きなさい。

(1) *A:* ＿＿＿＿＿＿ your mother tired last night?
B: Yes, she ＿＿＿＿＿＿.

ミス注意! (2) *A:* ＿＿＿＿＿＿ you and your sister busy last week?
B: No, ＿＿＿＿＿＿ ＿＿＿＿＿＿.

(3) *A:* ＿＿＿＿＿＿ ＿＿＿＿＿＿ they yesterday?
B: They ＿＿＿＿＿＿ in the library.

7 次の文を(　)内の指示にしたがって書きかえなさい。

(1) I studied English last night.（過去進行形の文に）
＿＿＿＿＿＿＿＿＿＿＿＿＿＿＿＿＿＿＿＿＿＿＿＿

(2) We were dancing together.（短縮形を使って否定文に）
＿＿＿＿＿＿＿＿＿＿＿＿＿＿＿＿＿＿＿＿＿＿＿＿

(3) His mother was cleaning the room.（疑問文に）
＿＿＿＿＿＿＿＿＿＿＿＿＿＿＿＿＿＿＿＿＿＿＿＿

ミス注意! (4) This curry and rice was delicious.（下線部をたずねる文に）
＿＿＿＿＿＿＿＿＿＿＿＿＿＿＿＿＿＿＿＿＿＿＿＿

8 次のようなとき，英語でどのように言うか書きなさい。

(1) 相手に，いつその本を読んでいたのかたずねるとき。
＿＿＿＿＿＿＿＿＿＿＿＿＿＿＿＿＿＿＿＿＿＿＿＿

(2) 自分と父はそのとき駅にいたと伝えるとき。
＿＿＿＿＿＿＿＿＿＿＿＿＿＿＿＿＿＿＿＿＿＿＿＿

5 本文の理解
(1)①，④ともに不規則動詞。
(2) it は前に出てきた単数形の名詞を受けて使う。
(3) be 動詞の疑問文は，be 動詞を主語の前に出す。

6 be 動詞の過去の疑問文
(2) 主語は you and your sister。主語が複数のときの be 動詞の過去形に注意する。
(3)場所を答えていることから，適する疑問詞を考える。

7 過去進行形

ポイント
・「～していました。」は〈was[were]＋動詞の -ing 形〉で表す。
・否定文・疑問文の作り方は現在進行形と同じ。

8 英作文
(1)「いつ」をたずねる疑問詞を使った過去進行形の疑問文。
(2)ほかの人と自分を並べて言うときは，～ and I のようにほかの人から先に言う。

解答 p.21

テストに出る！ 予想問題

PROGRAM 10
Grandma Baba's Warming Ideas!

30分 /100点

1 英文を聞いて，その内容にあう絵を１つ選び，記号で答えなさい。 a35 〔5点〕

（　　）

2 対話と質問を聞いて，その答えとして適するものを１つ選び，記号で答えなさい。 a36 〔5点〕

ア Yes, we are.　　イ No, we aren't.

ウ Yes, they were.　　エ No, they weren't.

（　　）

よく出る **3** 次の日本文にあうように，＿＿に適する語を書きなさい。 4点×4〔16点〕

(1) あなたの夏休みはどうでしたか。

＿＿＿＿ ＿＿＿＿ your summer vacation?

(2) 私たちはその大きな箱を丘の上に引き上げました。

We ＿＿＿＿ the big box ＿＿＿＿ the hill.

ミス注意！ (3) 彼はベッドから脚を切りはなしました。

He ＿＿＿＿ the legs ＿＿＿＿ the bed.

(4) 私たちは坂を下りました。

We ＿＿＿＿ ＿＿＿＿ the slope.

4 次の対話が成り立つように，＿＿に適する語を書きなさい。 5点×2〔10点〕

(1) *A:* ＿＿＿＿ were you a student?

B: Ten years ago.

(2) *A:* ＿＿＿＿ ＿＿＿＿ boys ＿＿＿＿ there in the room then?

B: There ＿＿＿＿ ten boys.

5 次の文を（　）内の指示にしたがって書きかえなさい。 5点×3〔15点〕

(1) I'm not tired. （３語の過去の文に）

＿＿＿＿＿＿＿＿＿＿＿＿＿＿＿＿

ミス注意！ (2) Hideki was taking off his shoes. （下線部を Hideki and his friends にかえて）

＿＿＿＿＿＿＿＿＿＿＿＿＿＿＿＿

(3) They were playing *shogi* then. （下線部をたずねる文に）

＿＿＿＿＿＿＿＿＿＿＿＿＿＿＿＿

6 次の英文を読んで，あとの問いに答えなさい。　〔19点〕

All the animals: Gosh, we're hot now!
Grandma Baba: ① You can warm yourselves this way.
Raccoon dog: Hey, everyone, (②) is Grandma Baba?
All the animals: (③)? (④)?
Raccoon dog: ⑤ (私についてきてください。)
⑥ [in / sleeping / her / Grandma Baba / was / closet] on top of warm and fluffy quilts.

ミス注意! (1) 下線部①を日本語になおしなさい。　〈5点〉
( )

(2) ②〜④の( )に共通して入る語を小文字で書きなさい。　〈4点〉

____

(3) 下線部⑤を２語の英文になおしなさい。　〈5点〉

__________ __________.

よく出る (4) 下線部⑥が「ばばばあちゃんは彼女の押入れの中で眠っていました」という意味になるように，［ ］内の語句を並べかえなさい。　〈5点〉

____

7 ［ ］内の語句を並べかえて，日本文にあう英文を書きなさい。　5点×3〔15点〕

(1) 私は昨日の５時ちょうどに，学校にいました。 (I で始める)
[at / I / five / school / was / yesterday / at / o'clock].

____

ミス注意! (2) 彼女はどこでテニスをしていましたか。
[she / did / was / playing / where / tennis]? (１語不要)

____

やや難 (3) その本はあまりおもしろくありませんでした。
[interesting / the book / not / was / very].

____

8 次の日本文を英語になおしなさい。　5点×3〔15点〕

(1) 彼らは昨夜７時にテレビを見ていましたか。

____

やや難 (2) 彼の友人たちはそのとき何を食べていましたか。 (then を使って)

____

(3) [(2)に答えて] 彼らはアイスクリーム(ice cream)を食べていました。

____

英語でやりとりしよう③ ～ 絵はがきを書こう

テストに出る！ ココが要点＆チェック！

たずね方と答え方（復習）

教 p.124

1 今していることのたずね方と答え方

チェック！(1)

現在進行形の疑問文は，主語にあわせた be 動詞を主語の前に出す。動詞は -ing 形を使う。

疑問文　**Are** you **reading** a book?　あなたは本を読んでいますか。
（Are：主語の前に／reading：動詞を -ing 形に）

答え方　— Yes, I **am**. / No, I'**m** not.　— はい，読んでいます。/ いいえ，読んでいません。
（be 動詞を使って答える）

疑問詞で始まる疑問文　**What** is Ken **doing**?　ケンは何をしていますか。
（What：何／〈疑問詞＋be 動詞＋主語＋動詞の -ing 形 ?〉）

答え方　— He **is studying**.　— 彼は勉強しています。
（現在進行形を使って，具体的に答える）

2 過去にしたことのたずね方と答え方

チェック！(2)

過去の疑問文は主語の前に did を置く。動詞は原形（もとの形）を使う。

疑問文　**Did** you **read** the book?　あなたはその本を読みましたか。
（Did：主語の前に／形はいつも同じ／read：動詞は原形）

答え方　— Yes, I **did**. / No, I **didn't**.　— はい，読みました。/ いいえ，読みませんでした。
（did を使って答える）

疑問詞で始まる疑問文　**Where** did Ken **go**?　ケンはどこへ行きましたか。
（Where：どこ／〈疑問詞＋did＋主語＋動詞の原形 ?〉）

答え方　— He **went** to the bookstore.　— 彼は書店へ行きました。
（went：go の過去形／to the bookstore：具体的な場所を答える）

3 過去の状態やある時点で進行中のことについてのたずね方と答え方

チェック！(3)

過去の状態は be 動詞の過去形を主語の前に出し，過去に進行中の動作は過去進行形を使ってたずねる。過去進行形の疑問文は〈Was[Were]＋主語＋動詞の -ing 形 ～?〉で表す。

疑問文　**Were** you in Tokyo yesterday?　あなたは昨日，東京にいましたか。
（Were：主語の前に）

答え方　— Yes, I **was**. / No, I **wasn't**.　— はい，いました。/ いいえ，いませんでした。
（過去の be 動詞を使って答える）

☆チェック！　日本文にあうように，（　）内から適する語を選びなさい。

1
□ (1) (Are / Do) you playing baseball?　あなたは野球をしていますか。
— Yes, I (am / do).　— はい，しています。

2
□ (2) (Does / Did) she visit Nara last week?　彼女は先週，奈良を訪れましたか。
— No, she (doesn't / didn't).　— いいえ，訪れませんでした。

3
□ (3) Why (was / were) they sleeping?　彼らはなぜ眠っていたのですか。
— Because they (was / were) tired.　— なぜなら，彼らは疲れていたからです。

☆チェック！の答えは次ページ

テスト対策問題

テスト対策ナビ

リスニング

♪ a37

1 英文と質問を聞いて，その答えとして適するものを１つ選び，記号で答えなさい。

ア Because she got up at six.
イ Because she got up early this morning.
ウ Because she helped her mother.
エ Because she walked her dog. (　　)

2 (1)～(4)は単語の意味を書きなさい。(5)，(6)は日本語を英語にしなさい。

(1) hobby (　　　　)　(2) creative (　　　　)
(3) lastly (　　　　)　(4) powerful (　　　　)
(5) make の過去形 ______　(6) 眺め，景色 ______

2 重要単語
(3)形容詞 last の語尾に -ly をつけると副詞になる。

3 次の日本文にあうように，___に適する語を書きなさい。

(1) 私は英語部に所属しています。
______ ______ the English club.

(2) 彼女たちは体育館で演技をしました。
They ______ the performance in the gym.

3 重要表現
(1)〈be 動詞＋前置詞〉で表す。
(2)「～をする」を表す動詞は do。時制に注意。

4 [　]内の語を並べかえて，日本文にあう英文を書きなさい。

(1) ユキはふろに入っていますか。
[taking / a / Yuki / is / bath]?
______

(2) 彼はどこへ行くところですか。 [he / going / where / is]?
______

4 現在進行形の疑問文
be 動詞[am, are, is]を主語の前に出す。
(2)疑問詞を使った疑問文は，疑問詞を文頭に置き，あとに疑問文の形を続ける。

5 次の文を(　)内の指示にしたがって書きかえなさい。

(1) They saw Bob yesterday. (疑問文にして，Yes で答える)
______
— ______

(2) She ate salad this morning. (下線部をたずねる文に)
______

5 一般動詞の過去の疑問文
過去の疑問文は主語の前に did を置き，動詞は原形にする。

6 次の文の___に，(　)内の語を適する形にかえて書きなさい。

(1) ______ Bob at home yesterday? (be)
ミス注意！ (2) Were Tom and Mike ______ in the river? (swim)
(3) Where ______ you playing tennis then? (be)

6 be 動詞の過去形，過去進行形の疑問文
どちらも be 動詞の過去形の was または were を主語の前に出した形にする。

p.76 答 (1) Are / am (2) Did / didn't (3) were / were

予想問題 Steps 7 ～ Power-Up 6

英語でやりとりしよう③ ～ 絵はがきを書こう

30分　/100点

1 対話と質問を聞いて，その答えにあう絵を１つ選び，記号で答えなさい。 a38 〔5点〕

ア　イ　ウ　エ

(　　)

2 対話と質問を聞いて，その答えとして適するものを１つ選び，記号で答えなさい。 a39 〔5点〕

ア　He visited Hokkaido.　イ　He went to Asahiyama Zoo.

ウ　He liked *jingisukan*.　エ　He went fishing.

(　　)

3 次の対話が成り立つように，＿＿に適する語を書きなさい。 5点×3〔15点〕

(1) *A*: Did you do your homework yesterday?

B: Yes, I ＿＿＿＿. It ＿＿＿＿ *difficult.　＊difficult：難しい

(2) *A*: ＿＿＿＿ ＿＿＿＿ you sitting then?

B: Under the tree.

ミス注意! (3) *A*: ＿＿＿＿ played the piano?

B: Keiko ＿＿＿＿.

4 次の日本文にあうように，＿＿に適する語を書きなさい。 3点×2〔6点〕

(1) あなたの趣味は何ですか。

＿＿＿＿ ＿＿＿＿ your hobbies?

(2) 私には３つの理由があります。

I ＿＿＿＿ three ＿＿＿＿.

よく出る **5** 次の文を(　)内の指示にしたがって書きかえなさい。 5点×4〔20点〕

(1) Emi bought <u>five</u> apples. （下線部をたずねる文に）

＿＿＿＿＿＿＿＿＿＿＿＿＿＿＿＿

(2) Is your sister making breakfast? （文末に at that time を加えて）

＿＿＿＿＿＿＿＿＿＿＿＿＿＿＿＿

(3) This book was <u>interesting</u>. （下線部をたずねる文に）

＿＿＿＿＿＿＿＿＿＿＿＿＿＿＿＿

(4) Naoki was <u>in the library</u> this morning. （下線部をたずねる文に）

＿＿＿＿＿＿＿＿＿＿＿＿＿＿＿＿

6 カナからメアリーへの絵はがきを読んで，あとの問いに答えなさい。〔19点〕

(①) Mary,
② [you / are / how / doing]?
I'm in Nara now. ③ I visited *Todai-ji* yesterday. It has "*Nara no Daibutsu*."
It was my first visit there and I was surprised. Because it was very big.
Do you know that?
It's cold in Japan today. How about in Canada?
I miss you, Mary.

④ Your friend,
Kana

(1) ①の( )に適する語を書きなさい。 ________ 〈4点〉

(2) 下線部②が「いかがお過ごしですか。」という意味になるように，[ ]内の語を並べかえなさい。 ________ 〈5点〉

(3) 下線部③の文を，*Todai-ji* が答えの中心となる疑問文に書きかえなさい。〈5点〉

____

(4) 下線部④を「真心をこめて。」という意味になるように，2語の英語で書きかえなさい。

________ ________, 〈5点〉

7 [ ]内の語を並べかえて，日本文にあう英文を書きなさい。 5点×3〔15点〕

(1) ユミは昨夜，音楽を聞いていましたか。
[listening / did / music / was / Yumi / to] last night? (1語不要)
________ last night?

ミス注意! (2) あなたの両親はどこへ買い物に行っていますか。
[is / going / where / are / parents / shopping / your]? (1語不要)
____

(3) カズキはそのとき部屋で何を勉強していましたか。
[study / his / Kazuki / in / was / what / room / then]?(下線部を適切な形にかえて)
____

8 次のようなとき，英語でどのように言うか書きなさい。 5点×3〔15点〕

(1) 相手に，ミキ(Miki)と彼女の友人たちは何をしているのかをたずねるとき。
____

やや難 (2) 相手に，何時にここにいたかをたずねるとき。
____

(3) 相手に，なぜ昨夜テレビを見たのかをたずねるとき。
____

動詞の形の活用をおさえましょう。

※赤字は特に注意しましょう。[ ]は発音記号です。

原形	三人称・単数・現在形	過去形	ing 形	意味
break	breaks	broke	breaking	壊れる
buy	buys	bought	buying	買う
catch	catches	caught	catching	つかまえる
come	comes	came	coming	来る，(相手のところへ)行く
cook	cooks	cooked	cooking	料理する
do	does	did	doing	する，行う
drink	drinks	drank	drinking	飲む
eat	eats	ate	eating	食べる
enjoy	enjoys	enjoyed	enjoying	楽しむ
feel	feels	felt	feeling	感じる
get	gets	got	getting	～になる，得る，手に入れる
go	goes	went	going	行く
have	has	had	having	持っている，食べる
know	knows	knew	knowing	知る，知っている
live	lives	lived	living	住む，住んでいる
look	looks	looked	looking	見る
make	makes	made	making	作る
meet	meets	met	meeting	会う
play	plays	played	playing	(楽器を)ひく，(運動を)する
put	puts	put	putting	置く
read	reads	read [red]	reading	読む
run	runs	ran	running	走る
say	says	said [sed]	saying	言う
see	sees	saw	seeing	見る，見える
stay	stays	stayed	staying	滞在する，泊まる
study	studies	studied	studying	勉強する
take	takes	took	taking	(行動を)とる，行う
talk	talks	talked	talking	話す
tell	tells	told	telling	教える，言う
think	thinks	thought	thinking	考える，思う
try	tries	tried	trying	やってみる
write	writes	wrote	writing	書く

取りはずして使えます！

中間・期末の攻略本 解答と解説

開隆堂版 サンシャイン 英語1年

Get Ready ～ PROGRAM 0

p.4～p.5 テスト対策問題

1 エ

2 E, F, J, M, N, P, R, T, W, Z

3 d, g, h, j, l, q, r, u, y, z

4 (1) i (2) D (3) q (4) T (5) y (6) K (7) p (8) N (9) g

5 (1)○ (2)× (3)× (4)× (5)×

6 (1)キ lip (2)エ three (3)ア read (4)オ baseball (5)ク volleyball (6)ウ fish

7 (1)イ (2)エ (3)ウ (4)ア

8 (1)エ (2)ア (3)オ (4)イ (5)ウ

解説

1 すべて聞き取れなくても，食べ物の名前やcook など耳に入った情報から判断してみよう。Let's～. は「～しましょう」と相手を誘う表現。

♪ Do you like curry and rice? Do you like cakes? Let's cook, eat, and talk together.

訳 あなたはカレーライスが好きですか。ケーキが好きですか。いっしょに料理をして，食べて，話をしてみましょう。

2 **英語のアルファベットは 26 文字。大文字はすべて基本線(上から 3 番目の線)の上 2 つ(2 階部分まで)を使って書く。**

3 小文字は b と d，p と q などまちがえやすいものが多いので，注意する。

4 大文字と小文字で形が似ている I と i，T と t，K と k，P と p などは特に書く位置の違いに気をつける。

5 単語の中でアルファベットの読み方と同じ発音をするもの，異なる発音をするものがある。また，同じアルファベットでも単語により異なる発音になるので，新しい単語は必ず発音も確認すること。

6 **r，l，f，v，th のつづり字は日本語にない発音をする**(th は 2 種類)。舌の使い方，音の出し方に気をつけること。

7 先生から生徒へ指示を出すときは，はじめの語が動詞から始まる「～してください」という文の形が使われることが多い。

8 質問されていることに的確に答えているものを選ぶ。疑問文には yes，no で答えるものと具体的な答え方をするものがある。選択肢ア～オの意味は以下の通り。

ア 私の誕生日は 3 月 12 日です。(日付を言うときは月，日の順で言う。)

イ 私は黄色が好きです。

ウ はい，います。

エ 私はサッカーが好きです。

オ いいえ，できません。

ポイント

アルファベットの小文字

- 1 階建て，2 階建て，地下 1 階つきがある。書く位置や大きさを正確に覚えること。

p.6～p.7 予想問題

1 (1)エ (2)ア

2 (1)× (2)○ (3)× (4)○

3 (1) L–l, B–b, D–d, I–i

(2) P–p, Q–q, N–n, M–m

4 (1) HIJK (2) STUV

(3) bcdef (4) opqrs

5 (1)ア (2)イ (3)イ (4)ア

6 (1) desk (2) window

(3) ant (4) eraser

7 (1) Can you play volleyball?

(2) Where are you from?

(3) What time do you eat breakfast?

(4) What do you want to be?

8 例 I want to go to Spain.

解説

1 (1)(2)先生が教室でよく使う表現。文の前やあとにpleaseをつけるとていねいな言い方になる。

(1) Stand up, please.
(2) Please raise your hands.

訳 (1) 立ってください。
(2) 手を挙げてください。

2 **できることを言うときはcan，できないことを言うときはcan't**を使う。

Hello, everyone. I'm Kojima Yuta. I can play the violin. I practice it every day. I want to be a music teacher in the future. I want to go to Germany someday. I can play the piano too. But I can't play baseball or tennis.

訳 こんにちは，みなさん。私はコジマユウタです。私はバイオリンをひくことができます。私は毎日，それを練習します。私は将来，音楽の先生になりたいです。いつかドイツに行きたいと思います。私はピアノをひくこともできます。しかし，私は野球やテニスをすることはできません。

3 (1)大文字Iと小文字のl，小文字のbとdは混同しやすいので注意する。

(2)小文字のpとq，mとnも似ているので気をつけよう。

5 **ア，イの発音はそれぞれ以下の通り。**

(1)[エイ]と[ア] (2)[イ]と[アイ]

(3)[ア]と[ユー] (4)[オウ]と[ア]

7 **英語の文を書くときは，最初の文字を大文字**にする。**文の終わりにはピリオド(.)かクエスチョンマーク(?)**をつける。

(1)「あなたは～ができますか」はCan you ～?。

(2) ミス注意!「どこ」は**Where**を使う。

(3)「何時に」と時間をたずねるときは**What time**を使う。

(4)「何」は**What**を使う。

8 I want to go to ～.は「私は～へ行きたいです。」を表す。**国名などの固有名詞は最初の文字を常に大文字**にすることに気をつける。

PROGRAM 1 ～ Word Web 1

p.10～p.11 テスト対策問題

1 (1)ア (2)ウ

2 (1)問題 (2)話す (3)ちょうど，まさに

(4)王 (5)活発な (6)親しみやすい

(7) student (8) really

3 (1) from

(2) want to

(3) for

4 (1) are

(2) Are you / am

5 (1) too

(2) I'm not from Mirai City.

(3) You are

6 (1) Are (2) No

(3) Where

7 (1) I'm a new student.

(2) I'm not an angel.

(3) Are you a baseball fan?

― Yes, I am.

解説

1 (1)(2)英語での数の言い方を正確に覚えて聞き取れるようにしよう。

(1) I'm fifteen.
(2) four thousand two hundred thirty yen

訳 (1) 私は15歳です。
(2) 4,230円

3 (1) from は「～出身の」の意味。
(2)**「～したい」**は **want to ～**で表す。～の部分には動詞が入る。
(3)Thanks for ～.で「～してくれてありがとう」。

4 (1)主語が you のときの be 動詞は are。
(2) ミス注意! **be 動詞の疑問文**は，**be 動詞を主語の前**に出す。「あなたは」と聞かれたら「私は」と答えるので，主語は I にする。I といっしょに使う be 動詞は am。

5 (1) too は「～もまた」。文の終わりに置く。
(2) ミス注意! **be 動詞の否定文は be 動詞のあとに not** を置く。また，I'm は I am の短縮形。
(3) you're は you are の短縮形。

6 対話文の問題では，質問とその答えのやりとりに着目する。
(1)(2)ナオの答えが否定であることから，(2)は No が適切。(1)は主語が you なので，be 動詞は Are を使う。
(3)ナオが「私は岡山出身です」と答えているので，「あなたはどこの出身ですか」とたずねる文を作る。**「どこ」は where，文の最初に置く。**

7 指定語数より(1)(2)は短縮形を使う。
(1)「私は～です」は I'm[I am]～.。「新入生」は数えられる名詞，1人のときは前に a をつける。
(2) ミス注意! 「私は～ではありません」は I'm[I am] not ～.。単数の名詞の前には a を置くが，angel のような**母音(ア・イ・ウ・エ・オに似た音)で始まる名詞のときはその前に an** を置く。
(3)「あなたは～ですか」は Are you ～?。

ポイント
- 「私は～です」は I am ～.，「あなたは～です」は You are ～. で表す。

p.12～p.13 予想問題

1 ウ

2 (1) Nice , you

(2) just like

(3) in

3 (1)13 (2)27,000 (3)40 (4)2580-3761 (5)5,420

4 (1) I am a soccer fan too.

(2) You are so cheerful.

5 (1)私は体育館へ行きたいです。

(2) Let's

(3) I'm from Australia.

6 (1) You are a new student.

(2) I'm not a king.

(3) Where are you from?

7 (1) Are you from Nagano?

(2) No, I'm[I am] not.

/ I'm[I am] from Okinawa.

解説

1 No の返答とイマイタカシという名前をしっかり聞き取る。

A: Are you Kaneko Sho?

B: No, I'm not. I'm Imai Takashi.

訳 A：あなたはカネコショウさんですか。

B：いいえ，違います。私はイマイタカシです。

2 (2) ミス注意！「ちょうど～のような」は just like ～。ここでの like は「好きである」を意味する動詞ではなく，「～のような」を意味する前置詞。

3 ミス注意！ (2)(5) 4桁以上の数は 1,000 を単位にして読む。

(4)電話番号は数字を1つずつ区切って読む。

4 (1)「～も」を表す too は文の終わりに置く。

(2)「とても」を表す so は，修飾する形容詞の前に置く。

5 (1) want to ～は「～したい」。あとに go(行く)があるので「行きたい」という意味。

(2) **「～しましょう」**と相手を誘うときは**〈Let's＋動詞 ～.〉**の形で表す。

(3)修正する箇所は2点。australia → Australia にする(固有名詞の最初の文字は大文字)。また，文の終わりにピリオド(.)をつける。

6 (1)主語を I から You にかえるので，be 動詞も am から are にかえる。

(2)否定文は be 動詞のあとに not を置く。指定語数の4語から，短縮形 I'm を使う。

(3) ミス注意！ I'm で始まる文が答えになるということは，yes, no で答える質問ではないということ。「あなたはどこの出身ですか」の文を作る。where を文頭に置き，そのあとに be 動詞の疑問文を続ける。主語は you にかえる。

7 **「～の出身である」**は **be from ～**で表す。Nagano などの地名は大文字で始める。

PROGRAM 2 ～ アクションコーナー

p.16～p.17 テスト対策問題

1 (1)ウ (2)ア

2 (1)栽培する，育てる (2)～より前に

(3)(絵を)描く (4)夜

(5) after (6) tomorrow

3 (1) of , week

(2) It's rainy

(3) very much

4 (1) You don't speak Japanese.

(2) Do you like sports?

(3) When do you play tennis?

5 (1)私は絵を描きません。

(2) my

(3) You're a great artist.

6 (1) girls (2) boxes

(3) books (4) watches

(5) games (6) libraries

7 (1) Do you drink milk too?

(2) I have three questions.

(3) When do you study English?

(4) Wash your hands.

解説

1 (1)「何を」「何匹」飼っているのかを正確に聞き取る。

(2)「何曜日に」泳ぐのかを聞き取る。

🎵 (1)ア　I have two cats.
イ　I have a dog.
ウ　I have two dogs.
(2)ア　I swim on Wednesdays.
イ　I swim on Thursdays.
ウ　I swim on Saturdays.

訳 (1)ア　私はネコを2匹飼っています。
イ　私はイヌを1匹飼っています。
ウ　私はイヌを2匹飼っています。
(2)ア　私は水曜日に泳ぎます。
イ　私は木曜日に泳ぎます。
ウ　私は土曜日に泳ぎます。

3 (2)**天気**は **It's ～.** の形で表す。
(3) very much は「とても，非常に」を表し，動詞を修飾する。

4 **ミス注意!** (1)一般動詞の否定文は動詞の前に don't[do not]を置く。
(2)一般動詞の疑問文は Do で始める。
(3)「あなたはいつテニスをしますか」の文を作る。**「いつ」**を表す **when を文頭**に置き，そのあとに一般動詞の疑問文を続ける。

5 (1) draw は「(絵を)描く」。
(2)「私の」を表す語は my。
(3) **ミス注意!**「1人の[1つの]」を表す a[an]は名詞の前に置くが，名詞を修飾する形容詞が名詞の前にあるときは，形容詞の前に置く。

6 名詞の複数形は語尾に **-s** をつけるが，**語尾が -s，-sh，-ch，-x のときは -es** を，**語尾が〈子音字+y〉のときは y を i にかえて -es** をつける。

7 (1)「飲む」は drink。Do で始まる一般動詞の疑問文を作る。
(2)数えられるものが複数あるときは，その名詞を複数形にする。
(3)「いつ」を表す疑問詞 when を文頭に置き，一般動詞の疑問文を続ける。
(4)命令文は動詞で文を始める。「手」は，ここでは両手をさすので複数形で表す。

ポイント
- 「～します」と動作などを表すときは〈主語＋一般動詞 ～.〉の形で表す。否定文，疑問文にするときは do を使う。

p.18～p.19　予想問題

1 ア
2 ウ
3 (1) I　don't
(2) When / on
(3) How's / It's
4 (1) Don't play soccer here.
(2) I swim after school.
(3) Do you take a bath after dinner?
(4) When do you watch TV?
5 (1)あなたはいつバスケットボールをしますか。
(2) During
(3) Let's play together tomorrow.
6 (1) I have four boxes.
(2) You don't like *takoyaki*.
(3) When do you clean your room?
7 (1) Don't read this book.
(2) Do you have five cats?

解説

1 *B* はサッカーをすると言っているので，サッカーをしている絵を選ぶ。
🎵 *A:* Do you play baseball?
B: No, but I play soccer. I play soccer very well.
訳 A：あなたは野球をしますか。
B：いいえ，でも私はサッカーをします。私はサッカーをとてもじょうずにします。

2 質問の文は今日の日付をたずねている。対話の中で，明日が土曜日と言っていることを聞き取れれば正解を選ぶことができる。

A: Tomorrow is Saturday. I go shopping on Saturdays. Let's go together.
B: Sorry. I go fishing tomorrow.
Question: What day of the week is it today?

訳 A：明日は土曜日です。私は土曜日，買い物に行きます。いっしょに行きましょう。
B：すみません。私は土曜日つりに行きます。
質問：今日は何曜日ですか。

3 (1)一般動詞の疑問文には do を使って答える。ここでは空所の数にあわせて do not の短縮形 don't を使う。
(2)答えの文に「曜日」があることから，質問は「いつ」をたずねる文であることがわかる。
(3) ミス注意! 答えの文で「天気」を答えているので，質問は天気をたずねる文にする。**「今日の天気はどうですか」**は **How is the weather today?**。空所にあわせて短縮形 How's を使う。

4 (1) **「～してはいけません」**は**〈Don't＋動詞～.〉**の形で表す。
(2)「放課後に」は after school。
(3)「ふろに入る」は take a bath。「～のあと」は after～。Do で始まる一般動詞の疑問文にする。
(4)**「いつ」**をたずねるときは**疑問詞 when** を文頭に置き，そのあとに一般動詞の疑問文を続ける。

5 (2)「～の間に」は during ～。during は前置詞なのであとには名詞が続く。
(3) ミス注意! **「～しましょう」**は**〈Let's＋動詞～.〉**の形で表す。主語は必要ないので，you が不要。

6 (1) ミス注意! 名詞が複数を表すときは複数形にする。**box の複数形**は **boxes**。
(2)**否定文は動詞の前に don't[do not]** を置く。
(3) ミス注意!「いつ」とたずねる疑問文にする。主語を you にかえることと，my(私の)を your(あなたの)にかえることに注意する。

7 (1)「～してはいけません」は〈Don't＋動詞～.〉で表す。
(2) Do で始まる疑問文を作る。名詞 cat を複数形の cats にすることに注意する。

PROGRAM 3

p.22～p.23 テスト対策問題

1 ウ
2 (1)おじ (2)いとこ (3)行う，演じる (4)級友，クラスメート (5)変える (6)つかまえる (7)then (8)any (9)their (10)keep
3 (1)have, at (2)time with (3)on TV (4)keep, secret
4 (1)can play (2)can swim (3)can't[cannot] eat (4)can't[cannot] run
5 (1)have
(2)私はじょうずにギターをひくことができます。 (3)can't[cannot]
6 (1)I can't[cannot] / can (2)I can (3)Can / can't[cannot]
7 (1)What do (2)What can (3)What can
8 (1)Koalas can walk from tree to tree.
(2)What can you sing?

解説

1 フルーツケーキは作れないが，カレーライスは作れると言っているので**ウ**のカレーライスを選ぶ。

A: What food do you like, Tom?
B: I like fruit cake. And I like curry and rice too. How about you, Eri?
A: Oh, I can't make fruit cake. But I can make curry and rice.
Question: What can Eri make?

訳 A：あなたはどんな食べ物が好きですか，トム。
B：私はフルーツケーキが好きです。そしてカレーライスも好きです。エリ，あなたは？
A：あら，私はフルーツケーキは作れません。でもカレーライスは作れます。
質問：エリは何を作ることができますか。

2 (8) ミス注意! **「何か，いくつか」**を表すとき，**疑問文ではふつう any** を使う。**肯定文では some** を使うので注意する。

3 (1)「～を楽しむ」は have fun at～。
(4)「秘密を守る」は keep a secret。

4 **「～することができる」**は**動詞の前に can** を置く。**「～することができない」**は**動詞の前に can't[cannot]** を置く。

5 (1)「〜しましょう」は**〈Let's＋一般動詞 〜.〉**で表す。have には「持つ」「過ごす」「ある」「飼う」「開催する」などさまざまな意味がある。

(2) well は「じょうずに」を意味する副詞で，修飾する動詞のあとに置かれる。

(3)「〜することができません」は，動詞の前に**can't[cannot]**を置いて表す。

6 Can〜? の疑問文には，答えるときも can を使う。

(3)疑問文に答えるときは，疑問文の主語を代名詞にかえる。the dog は代名詞では it。

7 (1)「あなたは日曜日に何をしますか」の文を作る。**〈What＋一般動詞の疑問文？〉**の形。

(2)「あなたの犬は何をすることができますか」の文を作る。**「何を〜できますか」**は **What can 〜?** の形にする。「する」は do。

(3)「彼女は何を作ることができますか」の文を作る。作り方は(2)と同じ。

8 (1)「〜できる」は can の文で表す。「木から木へ」は from tree to tree。

(2) **What can 〜?** の形で文を作る。

ポイント

- can は「〜することができる」。
- can のように動詞の前に置いて，動詞を助ける働きをもつ語を助動詞と言う。

p.24〜p.25 予想問題

1 ウ

2 (1)ア (2)ア

3 (1)**What do you want?**

(2)**I can make a delicious cake.**

(3)**My cousin can't[cannot] read English books.**

(4)**What can Nana see?**

(5)**Can you sing well?**

4 (1)**Can** (2)**play / she can't[cannot]**

(3)**What / can**

5 (1)**Let's dance like EBIKEN.**

(2)**I can** (3)**What**

(4)**私は盆踊りを踊ることができます。**

6 (1)**I can clean my room.**

(2)**Can you practice tennis together?**

(3)**What do you do on Sundays?**

(4)**What can Kate study in Japan?**

7 (1)**Can you jump well?**

(2)**What do you want?**

(3)**I want a dog.**

解説

1「いっしょにテニスをしましょう」と言っていることから**ウ**と判断できる。

A: Can you play tennis, Maiko?
B: Yes, I can.
A: Let's play tennis together after school.
Question: What do they do after school?

訳 A：あなたはテニスができますか，マイコ。
B：はい，できます。
A：放課後，いっしょにテニスをしましょう。
質問：彼らは放課後，何をしますか。

2 (1)絵はじょうずに描けるがピアノはひけないと言っていて，ギターについては言及されていないことから選ぶ。

(2) Can 〜? には，Yes または No で答える。

I am Maki. I am a student.
I like pictures and music. I can draw pictures well. But I can't play the piano. And I like *ramen* too. I often make *ramen* on Sundays.
Questions:
(1) What can she do?
(2) Can she make *ramen*?

訳 私はマキです。私は生徒です。私は絵と音楽が好きです。私はじょうずに絵を描くことができます。でも私はピアノをひくことはできません。それから，私はラーメンも好きです。私は日曜日にしばしばラーメンを作ります。
質問：
(1) 彼女は何をすることができますか。
(2) 彼女はラーメンを作ることができますか。

3 (1)「あなたは何がほしいですか」の文を作る。

(2) can は動詞の前に置く。

(3) can の否定文は **can't** または **cannot** を使う。

(4) **ミス注意!** **What can 〜?** の形で「ナナは何を見ることができますか」の文を作る。

4 (1)答えの文に can があるので質問の文も can で始める。

(2) play the guitar は「ギターをひく」。**楽器の前には the** をつける。

(3) ミス注意! 答えの文が Yes, No でないときは，疑問詞から始まる疑問文であると判断する。ここでは「何を」をたずねる what を使う。

5 (1) ミス注意! **〈Let's＋一般動詞 ～.〉で「～しましょう」**。ここでの like は「～のように」という意味の前置詞。

(2) can を使って答える。主語を「私は」にかえる。

(3)具体的に答えているので，「何を」をたずねる what が適切。

(4) do *bon* dance で「盆踊りをする」。

6 (3) **「～曜日に」** は前置詞 **on** を使う。

(4) **「～で」** と場所を表すときは前置詞 **in** を使う。

7 ミス注意! (1) Can で始まる疑問文を作る。

(2)「何を[が]」をたずねるときは疑問詞 what で始まる疑問文を作る。

(3)数えられる名詞が 1 つ[1 人]のときは，名詞の前に a(母音で始まる名詞には an)をつける。

Steps 2 ～ Power-Up 1

p.27 テスト対策問題

1 (1)イ (2)ウ

2 (1)みなさん，だれも，みな
(2)大好きである，愛する (3)コンサート
(4)大きさ，サイズ (5)食事
(6)店員 (7)large (8)medium

3 (1)very much (2)go to (3)What, for

4 (1)For here (2)How much (3)Here you

5 (1)I study English every day.
(2)Are you from Canada?

解説

1 自己紹介の文。「毎日ピアノをひきます」と言っていることから，ピアノがひけることがわかる。

I'm Inoue Shizuka. I teach music at a junior high school. I like music and I play the piano every day. But I can't play the guitar.
Questions:
(1) Is Ms. Inoue a math teacher?
(2) What can Ms. Inoue play?

訳 私はイノウエシズカです。私は中学校で音楽を教えています。私は音楽が好きで，毎日ピアノをひきます。でも私はギターをひくことができません。
質問：
(1) イノウエ先生は数学の先生ですか。
(2) イノウエ先生は何を演奏できますか。

3 (1) very much は肯定文で使うと「とても」，否定文で使うと「あまり」という意味になる。

4 (1)「ここで召し上がりますか，それともお持ち帰りですか。」
(2)**値段をたずねる**ときは **How much ～?** を使う。
(3) **Here you are.** は**相手にものを渡す**ときに使う表現。

5 (2)「～出身である」は be from～。

ポイント
- 「～をください」は Can I have ～?。
- 「～はいくらですか」は How much ～?。

p.28 ～ p.29 予想問題

1 エ

2 ウ

3 (1)Where are (2)Are / we are

4 (1)have, best[good] (2)Here you

5 (1)How much are they?
(2)Can I have an apple pie?
(3)When do you take a bath?
(4)He isn't[is not] a baseball fan.
(5)What can you do?

6 (1)I'm (2)have
(3)私は毎日，夕食の前に走ります。
(4)I play tennis with my classmates after school.

7 (1)I watch baseball games on TV.
(2)How much is the salad?
(3)Can your mother use a computer?
(4)Can I have a sandwich and a corn soup?

8 (1)What can I get for you?
(2)How much is this notebook?
(3)Thank you, everyone.

解説

1 ファストフード店でのやりとり。決まった言い方が多いので覚えよう。

A: Hi. What can I get for you?
B: Can I have a cola, please?

A: We have three sizes for cola, small, medium, and large.
B: A medium one, please.
A: For here or to go?
B: To go, please.

訳 A：こんにちは。何にいたしましょうか。
B：コーラをください。
A：コーラは3つのサイズがあります。S, M, Lです。
B：Mを1つください。
A：ここで召し上がりますか，それともお持ち帰りですか。
B：持ち帰ります。

2 朝食を食べるのは6時半と言っている。Do ～? の疑問文には do を使って答える。

My sister and I get up at six. And we have breakfast at six thirty. We clean our room in the morning.
Question: Do they have breakfast at six?

訳 妹と私は6時に起きます。そして6時半に朝食を食べます。私たちは朝，部屋の掃除をします。
質問：彼女らは6時に朝食を食べますか。

3 (1)「あなたはどこの出身ですか」とたずねる文。
(2) ミス注意! 文中に動詞がないことから文頭に入るのは be 動詞であるとわかる。主語の you and Naoki は複数なので be 動詞は are を使う。

4 (1)「(友人や兄弟などが)いる」は have で表す。

5 (1)主語が複数になると be 動詞も is から are になる。
(2) ミス注意!「～をください」はCan I have ～?。
(3)「いつ」をたずねる文にする。take a bath は「ふろに入る」。

6 (1)My name is ～.(私の名前は～です)とI'm ～.(私は～です)はほぼ同じ意味。
(4)「放課後」は after school。

7 (1)「テレビで」は on TV。
(4) ミス注意!「～と…」のように2つのものを並べるときは and を使う。

8 (1)「何を[が]」をたずねるときは what を使う。
(3)「みんな」は everyone。

PROGRAM 4 ～ Power-Up 2

p.32～p.33 テスト対策問題

1 **イ**

2 (1)**役に立つ** (2)**文化** (3)**女性，女の人**
(4)**ほほえむ，笑う** (5)**持つ，つかむ**
(6)**答え** (7)**push** (8)**real** (9)**work**
(10)**save**

3 (1)**What's** (2)**First** (3)**want to** (4)**it**
(5)**Is，absent**

4 (1)**This** (2)**That** (3)**isn't** (4)**Is** (5)**it**

5 (1)①**Who** ②**She**
(2)**Is she a princess?**
(3)**彼女は有名な歌人です。**

6 (1)**She is** (2)**He** (3)**It**

7 (1)**Who is** (2)**She is** (3)**Which，is**
(4)**one is**

8 (1)**Mei is my sister. She is[She's] a student.**
(2)**Whose towel is this?**

解説

1 一度出てきた名詞 bag が one に置きかえられている。アキのかばんは黒色なので**イ**を選ぶ。

A: Aki, which bag is yours, the red one or the black one?
B: The black one is.
Question: Which bag is Aki's?

訳 A：アキ，どちらのかばんがあなたのものですか，赤いほう，それとも黒いほう？
B：黒いほうです。
質問：どちらのかばんがアキのものですか。

3 (5)「欠席している」は be absent。「～を欠席している」は be absent from～。

4 **近くの単数のもの**について言うときは **This is ～.**，**遠くのもの**は **That is ～.** と表す。
(5) ミス注意! 答えの文では，主語を代名詞に置きかえる。**this** の代名詞は単数のものを表す **it**。

5 (1)①**「だれ」**をたずねる疑問詞は **who**。
② this woman を代名詞 she にして答える。

6 (1)主語を you から she にかえるので，be 動詞も are から is にかえる。
(2) that boy は1人の男性なので，he にかえる。
(3) your bag は1つのものなので，it にかえる。

7 (1)「だれ」をたずねる疑問詞は who。主語の that woman が単数なので be 動詞は is を使う。
(2) that woman を代名詞に置きかえて答える。
(3)**「どちらの〜」**とたずねるときは**〈which＋名詞〉**を文頭に置く。
(4) ミス注意! すでに出てきた名詞と**同類**のものをさすときは代名詞 **one** を使う。it は**同一**のものをさす語なのできちんと使い分けよう。

8 (1) 2 文目の主語は Mei ではなく she にする。
(2)**「だれの〜」**とたずねるときは**〈whose＋名詞〉**を文頭に置く。

ポイント
- 同じ名詞を2度目に言うときは代名詞で表す。
- 疑問文に答えるときも主語を代名詞に置きかえて答える。

p.34〜p.35 予想問題

1 ウ

2 イ

3 (1)**Whose / It's** (2)**Which / is**
(3)**Who / He's**

4 (1)**years old** (2)**on** (3)**That's right**

5 (1)**Is she a nurse?**
(2)**Whose computer is this?**
(3)**That is your watch.**

6 (1)**それから，すずりの上で墨をすりなさい。**
(2)**I see**
(3)**we usually use *bokuju***
(4)**What's that**
(5)**墨汁は時間を省くことができます。**

7 (1)**He is a famous comedian.**
(2)**Is she your sister's classmate?**
(3)**Which ruler is yours?**

8 (1)**Who is that man? — He is[He's] my uncle.**
(2)**This is my aunt. She is[She's] a doctor.**
(3)**Whose bag is this? — It is[It's] mine.**

解説

1 トラではなくライオンと言っているので**ウ**を選ぶ。
A: Is this a tiger?
B: No, it isn't. It's a lion.
訳 A：これはトラですか。
B：いいえ，違います。ライオンです。

2 白いぼうしの持ち主を聞かれているので**イ**を選ぶ。**mine** は**「私のもの」**，Takashi's は「タカシのもの」。**〈人名＋'s〉**で**「〜のもの」**。
A: Naoto, whose caps are these?
B: The black one is mine and the white one is Takashi's.
Question: Whose cap is the white one?
訳 A：ナオト，これらはだれのぼうしですか。
B：黒いのは私ので，白いのはタカシのです。
質問：白いぼうしはだれのものですか。

3 (1)「私のもの」と答えているので質問の文には「だれの」を入れる。答えるときは this を代名詞 it に置きかえる。空所が 1 つなので It is の短縮形 It's を使う。
(2)**「どちらの」**をたずねる疑問詞は **which**。
(3) ミス注意!「あの男性はだれですか」「彼は私の父です」のやりとり。He is の短縮形は He's。

5 (2)「これはだれのコンピュータですか」の文を作る。
(3) ミス注意!「あの腕時計はあなたのものです」を「あれはあなたの腕時計です」に書きかえる。

6 (1)**「〜しなさい」**の**命令文**。
(3) usually「たいてい」などの頻度を表す副詞は，ふつう一般動詞の前に置く。
(4)空所の数にあわせて What is that? を What's that? とする。
(5) It は *bokuju* をさす。

7 (1)名詞の前に名詞を修飾する形容詞があるとき，「1 つの」を表す a[an]は形容詞の前に置く。
(2) be 動詞を主語 she の前に置く。
(3) which ruler までを〈疑問詞＋名詞〉として文頭に置く。

8 (1)(2) 1 度出てきた名詞は，代名詞に置きかえて表す。
(3) whose bag までを〈疑問詞＋名詞〉として文頭に置く。「私のもの」は mine。

PROGRAM 5 ～ Word Web 3

p.38～p.39 テスト対策問題

1 (1)ウ (2)ウ

2 (1)家族 (2)おじいさん
(3)同じ (4)着ている，身につけている
(5)重要な，大切な (6)外国へ[に] (7)member
(8)player (9)travel (10)shoe

3 (1)every morning (2)March, April, and
(3)Take off (4)at home
(5)am proud of

4 (1)likes (2)goes (3)uses (4)reads
(5)washes (6)has (7)work (8)love

5 (1)①watches ②stands
(2)Does he stand on the street every day?
(3)he doesn't stand on weekends

6 (1)Kumi doesn't study English on Sundays.
(2)That boy doesn't draw pictures well.

7 (1)Does / he doesn't (2)Does / she does
(3)does / goes (4)What does / reads

8 (1)Reo practices soccer on Wednesdays.
(2)My brother doesn't[does not] like summer.

解説

1 (1)アユミが話すのは英語，そして Does ～？の疑問文には does を使って答えるので，ウを選ぶ。
(2) Where から始まる疑問文は Yes や No で答えず，具体的な場所で答える。

(1)*A:* Do you know Ayumi?
B: Yes. She is my friend. She speaks English well.
Question: Does Ayumi speak Korean?
(2)*A:* Does Masato live in Akita?
B: No. He lives in Aomori.
Question: Where does Masato live?

訳 (1)A：あなたはアユミを知っていますか。
B：はい。彼女は私の友人です。彼女は英語をじょうずに話します。
質問：アユミは韓国語を話しますか。
(2)A：マサトは秋田に住んでいますか。
B：いいえ。彼は青森に住んでいます。
質問：マサトはどこに住んでいますか。

3 (5)「～を誇りに思う」は be proud of ～。

4 主語が三人称・単数かそうでないかを確認する。(1)～(6)の主語はすべて三人称・単数。(8)の主語は Nana and Mako の2人なので単数ではない。

5 (1)①②三人称・単数・現在形にする。
(2)直前の真央の言葉を受けているので，「彼は毎日，道路に立つのですか」という文を作る。
(3)**三人称・単数・現在の否定文は動詞の前に doesn't** を置く。動詞はもとの形(**原形**)。

6 主語が三人称・単数のとき，否定文は doesn't を使う。doesn't のあとの動詞は原形にする。

7 **三人称・単数・現在の疑問文**は**主語の前に does** を置き，動詞は**原形**を使う。答えるときも does を使って答える。
(3)疑問詞を使った疑問文。主語が三人称・単数のときは疑問詞のあとに does を使う。
(4) ミス注意！「あなたのお姉[妹]さんは何を読みますか」「彼女はマンガを読みます」の文を作る。答えの文の動詞を三人称・単数・現在形にするのを忘れない。

8 どちらも主語が三人称・単数。
(2) ミス注意！ doesn't のあとの動詞は原形。

ポイント
- 主語が三人称・単数のとき，一般動詞は語尾に -s または -es をつける。
- 否定文，疑問文は does を使い，動詞は原形。

p.40～p.41 予想問題

1 (1)ア (2)エ

2 (1)Does Ms. Sato swim well?
— No, she doesn't.
(2)He writes a letter.
(3)She doesn't draw pictures every night.
(4)Where does John live?

3 (1)for, family (2)has, big
(3)on weekends (4)takes pictures
(5)That's new

4 (1)This is (2)She's
(3)She's a member of the Junior Safety Patrol.
(4)彼女は彼女の仕事を楽しんでいますか。
(5)her job

5 (1)Ken always uses the same bat.

(2) Does Yumi have a sister?
(3) Bob doesn't want a new bag.

6 (1) My cousin studies English every day.
(2) Does your father work here?
(3) She doesn't go to school on Sundays.

解説

1 (1) ミス注意! 〈Does＋主語＋動詞の原形 ～?〉の疑問文に答えるときは does を使う。
(2)「何が」ほしいのかと聞かれているので，Yes, No ではなく，具体的に答える。

(1) Does Takuya use a computer?
(2) What does the girl want?

訳 (1) タクヤはコンピュータを使いますか。
(2) その女の子は何がほしいですか。

2 (1)(3)主語が三人称・単数の疑問文，否定文では does を使い，動詞は原形にする。疑問文の答えでは，主語を代名詞に置きかえる。
(2) write を writes にかえる。
(4)下線部は場所を表しているので，「ジョンはどこに住んでいますか」の文を作る。

3 (3)「週末(に)」は on weekends。
(4) ミス注意!「写真をとる」は take pictures または take a picture で表す。

4 (2) She is の短縮形は She's。
(3)「～の一員[メンバー]」は a member of ～。

5 (2) ミス注意! have には「持つ」以外に「いる，ある」「過ごす」「飼う」などの意味がある。

6 (1)「私のいとこ」は三人称・単数。
(2) Does で始まる疑問文を作る。
(3)〈on＋曜日〉で「～曜日に」。

PROGRAM 6 ～ Word Web 4

p.44～p.45 テスト対策問題

1 (1)イ (2)ウ

2 (1)たやすく，手軽に (2)壁 (3)すばらしい (4)危険な (5)襲う，攻撃する (6)無事，安全 (7)hour (8)tell (9)parent (10)miss

3 (1)lives in (2)across (3)takes, hours (4)You're welcome (5)Have, time (6)Switch on

4 (1)Her (2)him (3)hers (4)his (5)ours (6)it

5 (1)なぜサバンナは危険なのですか。
(2)Because elephants sometimes attack school children.
(3)No way

6 (1)Why do you get up early?
(2)Because I study in the morning.
(3)Why do you help your mother?

7 (1)What's, date / It's
(2)me, where / up

8 (1)Whose notebooks are these?
(2)They are ours.[They're our notebooks.]

解説

1 (1)月の名前と日付の言い方を正確に覚える。
(2) He always helps me. の部分がエイトがタクを好きな理由となっている。

(1)*A:* My birthday is March 6. When is your birthday, Ken?
B: My birthday is May 13.
Question: When is Ken's birthday?
(2)*A:* I like Taku. Do you know him, Eito?
B: Yes. I like him too. He always helps me.
Question: Why does Eito like Taku?

訳 (1)A：私の誕生日は3月6日です。あなたの誕生日はいつですか，ケン。
B：私の誕生日は5月13日です。
質問：ケンの誕生日はいつですか。
(2)A：私はタクが好きです。あなたは彼を知っていますか，エイト。
B：はい。私も彼が好きです。彼はいつも私を助けてくれます。
質問：なぜエイトはタクが好きなのですか。

3 (3)「(時間が)かかる」は It takes ～. で表す。

4 代名詞に置きかえる場合，その語の文の中での働きに着目する。同じ代名詞でも主語の場合と目的語の場合では代名詞の形は異なる。ただし，you と it のように主語と目的語の形が同じものもある。

5 (2) because のあとは〈主語＋動詞〉の語順。sometimes は一般動詞の前に置くことが多い。

6 (1)(2) Why ～? の文には Because ～. で具体的な理由を答える。

7 (1)日付を言うときは〈It's＋月＋日.〉で表す。
(2) Excuse me, but ～. は「すみませんが～」

と見知らぬ相手に話しかけるときなどに使う。

8 (1) ミス注意! 主語が「これらは」なので whose notebooks と複数形にしてたずねる。

(2)主語は代名詞に置きかえて they とする。They are our notebooks. と表すこともできるが，3語の指定があるので短縮形を使う。

ポイント
- 代名詞は文の中の働きによって形が変化する。

p.46～p.47 予想問題

1 (1)ウ　(2)ウ

2 ウ

3 (1)**her**　(2)**Mina's**　(3)**us**　(4)**his**
(5)**them**　(6)**theirs**　(7)**Our**　(8)**him**

4 (1)**In, seconds**　(2)**you know**
(3)**to me**　(4)**pray for**
(5)**abroad easily**　(6)**What, your**

5 (1)①**in**　④**to**
(2)**can**
(3)**Tell me about him.**
(4)**It takes**

6 (1)**He plays the guitar for us.**
(2)**Why does Kumi take pictures?**
(3)**Do you talk about them?**

7 (1)**Whose bag is this?**
(2)**It's[It is] hers.**
(3)**It's[It is] July 12 today.**
(4)**The flower shop is next to my[our] school.**

解説

1 (1)日付を言うときは It's ～. の形を使う。
(2)「だれのボール」と聞かれているので，「ケンとエイタのもの」と答えている**ウ**が正解。

(1) What's the date today?
ア　It's August 20.
イ　It's October 12.
ウ　It's October 20.
(2) Whose balls are these?
ア　They are new balls.
イ　They have balls.
ウ　They are Ken's and Eita's.

訳 (1)今日は何月何日ですか。
ア　8月20日です。
イ　10月12日です。
ウ　10月20日です。
(2)　これらはだれのボールですか。
ア　それらは新しいボールです。
イ　彼らはボールを持っています。
ウ　それらはケンとエイタのものです。

2 Where ～? の疑問文には Yes, No ではなく，具体的な場所を答える。next to～は「～の隣に」。

A: Excuse me, but where is the flower shop?
B: Turn left and you can see it next to the convenience store.
A: Thank you very much.
B: You're welcome.
Question: Where is the flower shop?

訳 A：すみませんが，花屋さんはどこですか。
B：左に曲がるとコンビニエンスストアの隣に見えますよ。
A：ありがとうございます。
B：どういたしまして。
質問：花屋さんはどこにありますか。

3 (2)「ミナのもの」は Mina's の形。
(3)(8) ミス注意! **前置詞のあとの代名詞は「～を[に／が]」の形。**

4 (2)文のあとに～, you know. を加えると，「～だよね[ですよね]」の意味を表す。

5 (1)①比較的広い地域を表す前置詞は in。
(2)**「～することができる」**を表す助動詞は **can**。動詞の前に置く。
(4)**「～時間かかる」**は **It takes ～ hour(s).**。このitに「それは」という意味はない。主語が三人称・単数なので動詞は takes とする。

6 (1)**「～のために」**は前置詞 **for** で表す。
(2) Why のあとに三人称・単数・現在の疑問文を続ける。
(3) you は「あなたは」と「あなたたちは」の両方の意味がある。

7 (1) whose bag までを疑問詞と考えて疑問文を作る。主語は this(単数)なので be 動詞は is を使う。
(2)「彼女のもの」は hers。別解として，It's[It is] her bag. でもよい。
(3)日付は，主語に it を使い，月→日の順に言う。日はふつう順番の言い方で読む。

PROGRAM 7

p.50～p.51 テスト対策問題

1 (1)イ (2)ウ

2 (1)研究 (2)橋 (3)博物館 (4)大学
(5)遠くに (6)いつか (7)train
(8)come (9)also (10)plane

3 (1)over there (2)It's, in
(3)a little (4)Sounds (5)Let's have
(6)show them around

4 (1)There are (2)There is (3)in my

5 (1)are (2)For example
(3)There is a famous place in Sydney.
(4)Here it is

6 (1)There isn't a ruler on the desk.
(2)Are there many restaurants near here?
— No, there aren't.

7 (1)How / By (2)How does / comes, by

8 (1)There are two birds on the roof.
(2)How do you come to the library?

解説

1 (1) There is[are]～. の文は have を使った文で言いかえられる場合がある。*B* は自分の町にはないと言っているので正解は**イ**。
(2) *B* は「私も」と言っているので，*A* と同じく「歩いて行く」と答えている**ウ**を選ぶ。

(1)*A:* Bob, there is an amusement park in my town.
B: That's good. We don't have one.
Question: Does Bob's town have an amusement park?
(2)*A:* I walk to the flower shop. How about you, Mana?
B: Me too.
Question: How does Mana go to the flower shop?

訳 (1)A：ボブ，私の町には遊園地があります。
B：いいですね。私たちの町にはありません。
質問：ボブの町には遊園地がありますか。
(2)A：私は歩いて花屋さんに行きます。あなたはどうですか，マナ？
B：私もです。
質問：マナはどうやって花屋さんに行きますか。

3 (2)季節を言うときは it を主語にする。空所の数から短縮形 it's を使う。
(5) have には「開く，開催する」の意味もある。
(6) ミス注意! show ～ around は「～を案内して回る」。「～」に代名詞を置く場合は「～を[に／が]」の形にする。

4 **There is[are]～. の文はあとにくる名詞が単数か複数かによって is と are を使い分ける。**

5 (3) There is ～. の文を作る。「～に」と場所を言うとき，広い範囲を表す前置詞は in。

6 (2) Are there ～? の疑問文に答えるときは，be 動詞は are を使う。

7 **手段や方法**をたずねる場合，**疑問詞は how** を使う。答えるときは Yes, No ではなく，手段や方法を具体的に答える。

8 (1)「2 羽の鳥」なので There are ～. と表す。
(2)**〈How＋疑問文の形？〉**で表す。

ポイント
- There is[are] ～. で「～がある」を表す。
- 〈場所や位置を表す前置詞＋語(句)〉をいっしょに使うことが多い。

p.52～p.53 予想問題

1 イ

2 エ

3 (1)There is a computer room in my school.
(2)How does Maki go to school?
(3)Are there any parks in the town?
— Yes, there are.
(4)There is something on the desk.

4 (1)For example (2)something new
(3)right (4)Me too (5)It's

5 (1)私はまた，浜辺でクリスマスパーティーも開きます。
(2)How does Santa Claus come?
(3)③By ④on (4)Yes, let's

6 (1)There are many animals in the zoo.
(2)Are there any schools in your city?
(3)How can you make curry and rice?

7 (1)How do you clean your room?
(2)Is there a college near here?
(3)Yes, there is. There are two colleges near here.

解説

1 「どこに」「何が」「いくつ」の3点をしっかり聞き取る。

I have a big box. There are four balls and a cap in the box.

訳 私は大きな箱を持っています。箱の中に4つのボールと1つのぼうしがあります。

2 How から始まる疑問文には Yes, No ではなく具体的な手段や方法を答える。

A: You speak English very well.
B: Thank you.
A: How do you study English?

訳 A：あなたはとてもじょうずに英語を話します。
B：ありがとう。
A：あなたはどうやって英語を勉強しているのですか。

3 (2)手段をたずねるときは how を文頭に置き，あとに疑問文の語順を続ける。主語が三人称・単数なので does を使い，動詞は原形にする。

(3) ミス注意! **疑問文，否定文**の中では **some は any** になることに注意する。

(4) ミス注意! **something**（何か）は**単数扱い**の代名詞なので，be 動詞を are から is にする。

4 (2) ミス注意! **「何か～なもの」**は，**something のあとに形容詞**を置いて表す。

(5) ミス注意! **季節，天気，気温**や**日付，曜日**などは **it** を主語にした文で表す。

5 (3)③「～で」と**交通手段**を表す前置詞は **by**。このとき by のあとの名詞には**冠詞（a や the）をつけない**。④手段を表すときに on を使うこともある。この場合は，冠詞が必要。

(4)相手の**誘いを受け入れる場合は Yes, let's.**，**誘いを断る場合は No, let's not.** などと言う。

6 (2)「いくつか」を表すとき，疑問文・否定文の中では，ふつう any を使う。

(3)〈疑問詞＋can の疑問文～?〉の形にする。

7 (1) **「どのようにして」**とたずねるときは，**How で始まる疑問文**にする。

(2)(3) a college と指定があるので，Is there ～? の疑問文にする。答えの文は「2つの大学（two colleges）」なので，There are ～. の文。

Steps 3 ～ Power-Up 5

p.55 テスト対策問題

1 (1)理由 (2)話題，トピック
(3)生活，人生 (4)教える (5)learn
(6)language

2 (1)Why / Because (2)When / on
(3)Where / They (4)What

3 (1)エ (2)オ (3)イ (4)ウ (5)ア

4 (1)What day (of the week) is it today?
(2)Who are they?

5 (1)Where is your school?
(2)My school is in Chiba. [It's in Chiba.]

解説

2 答えの文の内容からどのような質問をしているか考える。

(1)「あなたはなぜ忙しいのですか」「なぜなら母を手伝うからです」

(2)「あなたのお姉さん[妹さん]はいつ泳ぎますか」「彼女は火曜日に泳ぎます」

(3)「私のボールはどこにありますか」「テーブルの下にあります」

(4)「今，何時ですか」「8時です」

3 How のいろいろな疑問文を理解する。

(1)「あなたはどうやってそこへ行きますか」「電車で行きます」

(2)「今日の天気はどうですか」「雨です」

(3)「いくらですか」「3,000円です」

(4)「あなたには姉妹が何人いますか」「私には2人います」

(5)「お元気ですか」「元気です」

4 (1)「曜日」をたずねる文を作る。

(2)「だれ」をたずねる文を作る。

5 (1)場所をたずねる疑問詞 where を文頭に置く。「ある」は be 動詞で表す。

(2)広い範囲を表す前置詞は in。My school を代名詞 It に置きかえてもよい。

ポイント
疑問詞を使った疑問文
- 疑問詞は文頭に置き，疑問文を続ける。
- 疑問詞で始まる疑問文に答えるときは，Yes, No ではなく，具体的に答える。

p.56～p.57 予想問題

1 イ

2 ウ

3 (1)**How does Koki go to the library?**
(2)**Whose pencils are these?**
(3)**Where are you from?**
(4)**How much is this notebook?**

4 (1)**I'd, to** (2)**to be** (3)**like him**
(4)**very much** (5)**a lot of**

5 (1)**a member of**
(2)②**their** ⑤**him** (3)**dance**
(4)**you know**

6 (1)**Which bike does your mother use?**
(2)**What do you do after school?**
(3)**Why does Tom study Japanese?**

7 (1)**When is Kaori's birthday?**
(2)**Her birthday is September 12.**
(3)**How much are these rulers?**

解説

1 疑問詞の疑問文とそれに対する答えを正確に聞き取ることがポイント。

A: We have four seasons in Japan. Which season do you like, Ken?
B: I like summer. I often go to the sea. But I don't like winter.

訳 A：日本には4つの季節があります。あなたはどの季節が好きですか，ケン。
B：私は夏が好きです。海にしばしば行きます。でも冬は好きではありません。

2 場所を表す文が複数出てくるので，注意する。*B*の2度目の発言の「ベッドのそば」が答えになるので**ウ**を選ぶ。

A: Mom, where is my bag?
B: It's under the table, Mike.
A: It's not under the table.
B: Then it's by your bed.
A: OK! Thank you.
Question: Where is Mike's bag?

訳 A：お母さん，私のかばんはどこですか。
B：テーブルの下ですよ，マイク。
A：テーブルの下にはありません。
B：ではあなたのベッドのそばですよ。
A：わかりました。ありがとう。
質問：マイクのかばんはどこにありますか。

3 (1)**手段**をたずねる疑問文。主語が三人称・単数，**how** のあとは does を使った疑問文に。
(2)**「だれの～」**とたずねる疑問文。**whose pencils** をひとまとまりの疑問詞と考える。
(3) be from～で「～出身である」。「あなたはどこの出身ですか」の文を作る。
(4)**値段**をたずねる文は **How much ～?** を使う。

4 (1)「～したいと思う」は would like to ～。ここでは I would の短縮形 I'd を使う。
(2)「～になりたい」は want to be ～で表す。
(3) ミス注意！ like は「好きである」を表す動詞以外に，「～のように」を表す前置詞の使い方もある。
(5) ミス注意！ **「たくさんの～」は，数えられる名詞には many，数えられない名詞には much** を使う。**a lot of は数えられる名詞，数えられない名詞どちらにも使う**ことができる。

5 (1)「～の一員」は a member of ～。
(2)②「彼らの」の形に。⑤「彼を［に／が］」の形に。
(3)「彼はとてもじょうずに踊ることができます」の文に。名詞 dancer を動詞 dance にする。

6 (1) which bike（どちらの自転車）をひとまとまりの疑問詞として文を作る。
(2)「する」は do。
(3) Why で始まる疑問文にする。

7 (1) When で始まる疑問文を作る。動詞は be 動詞を使う。
(2)日付は，月→日の順で表し，日はふつう順番を表す数の言い方で読む。
(3) How much で始まる疑問文にする。主語は these rulers で複数を表す語なので，be 動詞は are を使う。

PROGRAM 8 ～ Steps 5

p.60～p.61 テスト対策問題

1 エ

2 (1)**ふく** (2)**感じる**
(3)**おとうさん，パパ** (4)**雑誌**
(5)**ひとそろい，一式** (6)**行事，出来事**
(7)**help** (8)**need** (9)**wait** (10)**traditional**

3 (1)**Turn off** (2)**Why don't we**
(3)**sure** (4)**What, doing** (5)**right**

(6)**Put on**

4 (1)**making** (2)**coming** (3)**waiting**
(4)**taking** (5)**cooking** (6)**helping**
(7)**writing**

5 (1)**Can you** (2)**私はそこへ行けません**
(3)**What are you doing (now)?**
(4)**居間を掃除しているところだから。**

6 (1)**Koji isn't riding a bike.**
(2)**I'm not studying Japanese.**
(3)**These boys aren't eating ice cream.**

7 (1)**Is / she is** (2)**Are / aren't**
(3)**What are, doing / am**

8 (1)**I'm talking with Aki now.**
(2)**Is he running in the park now?**

解説

1 父親が何をしているところかを現在進行形の文から聞き取ることがポイント。

A: I'm cleaning my room now. Can you help me, Dad?
B: Sorry, I can't. I'm washing the dishes now.

訳 A：私は今，自分の部屋を掃除しています。私を手伝って，おとうさん。
B：ごめん，手伝えません。今，皿を洗っているところです。

2 (9) wait for ～は「～を待つ」。

3 (1)反対の意味を表す語は turn on。「(テレビなどを)つける」。
(2)**「～しませんか」**と相手を誘うときは **Why don't we ～?** を使う。Let's ～. とほぼ同じ意味。
(3) sure は「確かで」の意味。
(6)「着る，身につける」は put on。

4 **現在進行形**は**〈be 動詞＋動詞の -ing 形〉**で表す。-ing 形は動詞の語尾に ing をつけるが，語尾の e をとって ing をつけたり，語尾の子音字を重ねて ing をつけたりするものもある。

5 (1) ミス注意! **Can you ～?** は「～することはできますか」と相手の能力をたずねるほかに，**「～してもらえますか」**と依頼の意味もある。
(2)「ここに来てもらえますか」に対して「できない」と答えているので，「そこに行けません」の意味になる。
(3)「あなたは今，何をしているのですか」の文を作る。疑問詞は **what** を使う。
(4) I'm cleaning the living room. がマークの忙しい理由。

6 **現在進行形の否定文は be 動詞のあとに not** を置く。指定語数より短縮形を使う。

7 (1)(2)動詞の語尾に -ing がついているので現在進行形の文とわかる。**現在進行形の疑問文は，答えるときも be 動詞を使う。**
(3)「あなたは今，何をしているところですか」「私は昼食を食べているところです」のやりとり。**疑問詞を使った現在進行形の疑問文**は**〈疑問詞＋現在進行形の疑問文 ?〉**の形で表す。have には「食べる」の意味もある。

8 (2)現在進行形の疑問文で表す。

ポイント
現在進行形
- 「(今)～しています」という意味で，〈be 動詞＋動詞の -ing 形〉で表す。
- 現在形は今の状態やふだんの習慣を表し，現在進行形は今まさに進行中の動作を表す。

p.62～p.63 予想問題

1 イ

2 イ

3 (1)**right** (2)**anything** (3)**Of course**
(4)**New Year** (5)**listening to**
(6)**in the air**

4 (1)**You aren't teaching math now.**
(2)**Are they drinking juice now?**
(3)**Who is playing the guitar?**

5 (1)①**coming** ②**doing**
(2)**私はサツマイモをつぶしているところです。**
(3)**私はあなたのためにサツマイモをつぶすことができます。**
(4)**I'm not**
(5)**She is making *kurikinton*.**

6 (1)**My brother isn't eating lunch now.**
(2)**What is Tom's mother doing now?**
(3)**I am talking with Mr. White now.**
(4)**Where is she going now?**

7 (1)**Ken isn't using his computer now.**
(2)**What sport are they playing now?**
(3)**They are playing table tennis in the gym now.**

(4)**Mary is taking pictures in the park now.**

解説

1 ジロウだけでなく,彼の友人のことも聞かれているので答えの主語がtheyになる点に気をつける。

Jiro and his friends are in the park. Are they playing tennis?

訳 ジロウと彼の友人たちは公園にいます。彼らはテニスをしていますか。

2 現在進行形の文の内容と質問の文を正確に聞き取ることがポイント。

A: Where are you, John? Are you busy now?

B: I'm in my room. But I'm busy now. I'm writing a letter.

Question: What is John doing now?

訳 A：どこにいるの，ジョン。今，忙しいですか。

B：部屋にいます。でも今，忙しいです。私は手紙を書いているところです。

質問：ジョンは今，何をしていますか。

3 (2) ミス注意! **not ～ any** で「**何も～ない**」という強い否定の意味になる。ここでは not は don't，any は anything のこと。

4 (3) ミス注意!「だれがギターをひいているところですか」の文を作る。**「だれが」**を表す **who** を主語として文頭に置き，あとに**現在進行形〈be 動詞＋動詞の -ing 形〉**を続ける。

5 (1)①も②も前に be 動詞があるので現在進行形の文。動詞を -ing 形にする。

(3) do it の内容は mash sweet potatoes のこと。

(4)現在進行形の疑問文には be 動詞を使って答える。空所の数にあわせて I'm not と短縮形にする。

(5)「ヘレンは何を作っているところですか」と聞かれているので,「彼女はくりきんとんを作っているところです」と答える。現在進行形で聞かれているので，答えるときも現在進行形を使う。

6 (2)「～は何をしていますか」は〈What＋be 動詞＋主語＋doing?〉で表す。

(3)「～と話す」は talk with ～。

(4)疑問詞 where を文頭に置き，現在進行形の疑問文の形を続ける。

7 (1)「彼のコンピュータを使う」は use his computer。use の -ing 形は using。

(2)「何のスポーツ」までをひとまとまりの疑問詞として，あとに現在進行形の疑問文を続ける。

(3)「体育館で」は in the gym。

(4)「写真をとる」は take pictures。take の -ing 形は taking。

PROGRAM 9 ～ Steps 6

p.66 ～ p.67 テスト対策問題

1 ア

2 (1)**おいしい** (2)**人々** (3)**苦い** (4)**一度，一回** (5)**～まで** (6)**昇る** (7)**stay** (8)**win** (9)**stadium** (10)**invent**

3 (1)**all day** (2)**too much** (3)**go anywhere** (4)**Take，look at** (5)**a little**

4 (1)**lived** (2)**helped** (3)**used** (4)**read** (5)**found** (6)**washed** (7)**went**

5 (1)**What's**

(2)**サルミアッキは苦くて塩からいあめです。**

(3)**I ate it only once during the trip.**

6 (1)**didn't come** (2)**didn't take** (3)**didn't have**

7 (1)**Did** (2)**Did / he didn't** (3)**Where did / went**

8 (1)**Did you do your homework last night?**

(2)**She visited Okinawa five days ago.**

解説

1「何の科目」を「いつ」勉強したのかを聞き取ることがポイント。

A: Did you study English last night?

B: No, I didn't. But I studied math last night.

A: That's good.

訳 A：あなたは昨夜，英語を勉強しましたか。

B：いいえ，しませんでした。でも私は昨夜，数学を勉強しました。

A：それはよいですね。

3 (3) anywhere は疑問文では「どこかに」という意味になる。

(4)「～を(ちょっと)見る」は take a look at～。ここでの look は「見ること」を意味する名詞。

4 すべて過去の文。動詞を過去形にかえる。**一般動詞の過去形は主語にかかわらず同じ形**で表す。**動詞の語尾に -(e)d をつけて過去形を作る規則動詞**と，**不規則に変化して過去形を作る不規則動詞**がある。

(4) ミス注意! read「読む」の過去形は read。つづりは原形と同じだが発音が異なるので注意。原形は[riːd]，過去形は[red]。

5 (1) What is that? を短縮形で表す。

(2) It は *salmiakki* をさす。

(3) during は「～の間に」，期間を表す。

6 **過去の否定文は動詞の前に didn't[did not] を置く**。**動詞は原形**にする。

(2)(3) last ～は「(この)前の～」と過去を表す語句。last week は「先週」，last night は「昨夜」。

7 (1)(2)**過去の疑問文は主語の前に did** を置き，**動詞を原形**にする。**答えるときも did** を使う。

(3)「あなたは4日前，どこへ行きましたか」の文を作る。go の過去形は went。

8 (1)過去の疑問文を作る。疑問文では，動詞を原形にするのを忘れないように。

(2) ミス注意!「～を訪れる」を意味する visit は，動詞自体に「～を」の意味が含まれているので，visit のあとに to などの前置詞は不要。

ポイント
過去を表す文
- 一般動詞の過去形には，規則動詞と不規則動詞がある。
- 一般動詞の過去形は主語にかかわらず同じ形である。

p.68～p.69 予想問題

1 ア

2 イ

3 (1)**famous for** (2)**once** (3)**How**
(4)**go down** (5)**and then**

4 (1)**Did Aki eat *onigiri* for lunch?**
(2)**Bob took a bath yesterday morning.**
(3)**We had two dogs four years ago.**
(4)**What did Nancy make with her mother?**
(5)**How many notebooks did Mr. Black buy?**

5 (1)**saw** (2)**私は長い夜を楽しみました**
(3)**What, mean**
(4)**What time did the sun set**
(5)**午前11時，午後2時ごろ**

6 (1)**I found your bag in the gym.**
(2)**Did Mike tell them about his country?**
(3)**I saw Mr. White three days ago.**

7 (1)**They didn't[did not] play tennis last week.**
(2)**When did she go to the zoo?**
(3)**She went there last Saturday.**

解説

1 会話の話題はかさについて。かさを使ったのがだれかを正確に聞き取る。会話の最後で述べられている，My mother did. は My mother used the umbrella. のこと。

A: Naoto, did you use this umbrella yesterday?
B: No, I didn't.
A: Who used it?
B: My mother did.

訳 A：ナオト，あなたは昨日，このかさを使いましたか。
B：いいえ，使いませんでした。
A：だれが使いましたか。
B：私の母です。

2 質問は「どこへ」ではなく，「どのように」と手段をたずねているので，「飛行機で」と手段を答えている**イ**を選ぶ。

A: Hi, Mike. Where did you go last summer?
B: I went to Nagasaki by plane.
Question: How did Mike go to Nagasaki?

A: やあ，マイク。あなたはこの前の夏どこへ行きましたか。
B: 飛行機で長崎へ行きました。
質問：マイクはどのようにして長崎へ行きましたか。

3 (1)「～で有名である」は be famous for～。

(3) ミス注意!「**なんて～なのでしょう。**」のように驚きを表す文(**感嘆文**という)は，〈**How＋形容詞[副詞]!**〉の形で表す。文末にはピリオド(.)ではなくエクスクラメーションマーク(**!**)をつける。

4 (1) ate は eat の過去形なので過去の文。**過去**

の疑問文は Did で文を始め，動詞は原形にする。

(2) yesterday morning は「昨日の朝」。過去を表す語句。take の過去形は took。

(3)～ ago(～前に)は過去を表す語句。

(4) ミス注意! made は make の過去形なので過去の文。疑問詞 what を文頭に置いて，「ナンシーは彼女のおかあさんといっしょに何を作りましたか」の文を作る。

(5) ミス注意! bought は buy の過去形。**数をたずねる文**を過去形で作る。**〈how many＋名詞の複数形〉**を文頭に置き，過去の疑問文を続ける。

5 (1) see は不規則動詞。過去形は saw。

(3)相手の発言の真意を確かめるときなどに使う表現。

(4)**時刻**をたずねるときは，**what time を文頭**に置き，疑問文を続ける。

(5)本文 5～7 行目参照。until は「～まで」，about は「約，およそ，だいたい」の意味。

6 (2) ミス注意! 過去の疑問文は did を主語の前に置く。動詞の目的語として代名詞を置くときは「～を[に／が]」の形(ここでは them)にする。

7 (1)「先週」のことなので，過去の文にする。play は規則動詞で過去形は played。「先週」は last week。

(2)疑問詞 when を文頭に置き，過去の疑問文の形を続ける。「～に行く」は go to ～で表す。

(3) ミス注意!「この前の～」は last ～。「～へ行く」は，～に名詞が入るときは go to ～だが，「そこへ行く」のように，「～」に副詞が入るときは go there と表し，to は不要。to の有無は間違えやすいので注意する。

PROGRAM 10

p.72～p.73 テスト対策問題

1 (1)**イ**

2 (1)**若い** (2)**眠い** (3)**飛ぶ** (4)**驚いて** (5)**従う，ついていく，続く** (6)**脚** (7)**finish** (8)**call** (9)**came** (10)**say**

3 (1)**What's, matter** (2)**I'm home** (3)**got on** (4)**Hold on to** (5)**this way** (6)**Look at**

4 (1)**was** (2)**was** (3)**weren't** (4)**wasn't** (5)**did** (6)**were** (7)**wasn't** (8)**You**

5 (1)①**broke** ④**cut**

(2)**ベッドは十分に強くありませんでした。**

(3)**Was that a bad idea?**

6 (1)**Was / was** (2)**Were / we weren't** (3)**Where were / were**

7 (1)**I was studying English last night.**

(2)**We weren't dancing together.**

(3)**Was his mother cleaning the room?**

(4)**How was this curry and rice?**

8 (1)例 **When were you reading the book?**

(2)例 **My father and I were at the station then[at that time].**

解説

1 be 動詞には「いる」の意味がある。祖母の家でいっしょに夕食を食べたと言っているので，**イ**が正解。

A: Where were you last night?
B: I was at my grandmother's house with my family last night. We had dinner together.

訳 A：あなたは昨夜，どこにいましたか。
B：私は昨夜，家族と祖母の家にいました。私たちはいっしょに夕食を食べました。

2 (4)「驚く」は〈be 動詞＋surprised〉で表す。

(8) call は「電話をかける」以外に，「呼ぶ」という意味もある。

3 (3)「(バス，電車，飛行機などの乗り物に)乗る」は **get on** で表す。また，「降りる」は **get off**。get on と get off を対で覚えておこう。

4 be 動詞の **is，am の過去形は was，are の過去形は were**。主語にあわせて使い分ける。

(5) ミス注意! do ～'s homework で「宿題をする」。ここでの do は一般動詞。do の過去形 did を選ぶ。

(6)主語の Judy and I は複数なので，be 動詞は were を選ぶ。

5 (1) ミス注意! ①④どちらも不規則動詞。④ cut の過去形は原形と同じ形。

(2) It は The bed をさす。

(3) **was，were の疑問文**は am，are，is の疑問文と同様に，**was，were を主語の前**に出す。

6 (1)主語が三人称・単数の be 動詞の過去形は was。was，were の疑問文では，答えるときも was，were を使う。

(2) ミス注意!「あなたとあなたのお姉[妹]さんは先週忙しかったですか」と聞かれている。答えるときは，主語を「私たち」と言いかえることに注意。

(3)「彼らは昨日どこにいましたか」「図書館にいました」のやりとり。

7 (1)**過去のある時点で進行中だった動作**は，**過去進行形**の文で表す。過去進行形は**〈be 動詞の過去形[was / were]＋動詞の -ing 形〉**の形。

(2)**過去進行形の否定文**は **was，were のあとに not** を置く。動詞は -ing 形のままでよい。

(3)**過去進行形の疑問文**は **was，were を主語の前**に出す。動詞は -ing 形のままでよい。

(4) ミス注意!「このカレーライスはどうでしたか」とたずねる文を作る。**how は手段や方法をたずねる**ほか，「どう，どのような」と**感想をたずねる**ときにも使うことができる。

8 (1)「～していた」は過去進行形の文。**「いつ」**をたずねる**疑問詞 when** を文頭に置いて，あとに過去進行形の疑問文の形を続ける。

ポイント

過去進行形

- 「～していました」という過去のある時点で進行中だった動作を表す。
- 〈was[were]＋動詞の -ing 形〉の形。
- 否定文，疑問文の作り方はほかの be 動詞の文と同じ。

p.74～p.75 予想問題

1 ウ

2 ウ

3 (1)**How was** (2)**pulled，up**
(3)**cut，off** (4)**went down**

4 (1)**When** (2)**How many，were / were**

5 (1)**I wasn't tired.**
(2)**Hideki and his friends were taking off their shoes.**
(3)**What were they doing then?**

6 (1)**あなたたちはこのようにして，あなたたち自身を温めることができます。**
(2)**where** (3)**Follow me**
(4)**Grandma Baba was sleeping in her closet**

7 (1)**I was at school at five o'clock yesterday.**
(2)**Where was she playing tennis?**
(3)**The book was not very interesting.**

8 (1)**Were they watching TV at seven last night?**
(2)**What were his friends eating then?**
(3)**They were eating ice cream.**

解説

1 昨日の天気と今日の天気を正確に聞き取る。

It was sunny yesterday. I was playing soccer with my classmates after school. But it is rainy today.

訳 昨日は晴れでした。私は放課後，同級生とサッカーをしていました。でも今日は雨です。

2 質問の文は過去進行形の疑問文。答えるときは be 動詞の過去形を使う。

A: Where were you after school yesterday, Kenji? I called you at four.
B: I'm sorry, Mary. I was in the library with John then. We were studying math there.
Question: Were Kenji and John studying in the library at four yesterday?

訳 A：あなたは昨日の放課後どこにいましたか，ケンジ。私は4時にあなたに電話したのです。
B：ごめんなさい，メアリー。私はそのときジョンと図書館にいました。私たちはそこで数学を勉強していました。
質問：ケンジとジョンは昨日の4時に図書館で勉強していましたか。

3 (1)「～はどうでしたか」は How was ～?。
(3) ミス注意! cut は原形と過去形が同じ形の不規則動詞。主語は三人称・単数であるが，文は過去なので cuts としないように注意する。

4 (1)「10年前です」と「時」を答えているので，「あなたはいつ生徒でしたか」の文を作る。
(2)「10人の少年がいました」と「数」を答えているので，数をたずねる文を作る。then(そのとき)があるので過去の文。**数をたずねる〈How many＋名詞の複数形〉**のあとに，**「～がいます」**を表す **there is[are]～**の文を過去の疑問文にして続ける。

5 (1)3語と指定があるので，was not を wasn't と短縮形にする。
(2) ミス注意! 主語が複数を表す語になるので，be 動詞を were にかえる。また，his shoes も主語を受けて their shoes にかえることに注意。
(3)「彼らはそのとき何をしていましたか」の文にする。

6 (1) ミス注意! 主語の you は単数の「あなた」と複数の「あなたたち」が同じ形だが，yourselves は「あなたたち自身を」と複数を表す語。よって，you も複数形として使われていると判断する。
(4)過去進行形の文にする。

7 (1)「～時ちょうど」は ～ o'clock で表す。
(2) ミス注意!「～していましたか」は過去進行形の疑問文で表す。よって，did が不要。
(3) ミス注意! 否定文の中で very を使うと「あまり～でない」と一部を否定する意味になる。

8 (1)過去進行形の疑問文にする。「昨夜」は last night。
(2)「何」をたずねるので，疑問詞 what で始まる過去進行形の疑問文を作る。主語が複数なので be 動詞は were を使う。
(2)(3)「食べる」の動詞は have(ここでは having の形になる)を使ってもよい。

Steps 7 ～ Power-Up 6

p.77 テスト対策問題

1 **エ**
2 (1)**趣味** (2)**創造的な** (3)**最後に** (4)**力強い，強力な** (5)**made** (6)**view**
3 (1)**I'm in** (2)**did**
4 (1)**Is Yuki taking a bath?**
(2)**Where is he going?**
5 (1)**Did they see Bob yesterday?**
— Yes, they did.
(2)**What did she eat this morning?**
6 (1)**Was** (2)**swimming** (3)**were**

解説

1 ノアが今朝6時に起きて何をしたかを正確に聞き取ろう。

I'm Noa. I get up at seven every day. But I got up at six this morning and walked my dog in the park.
Question: Why did Noa get up at six this morning?

訳 私はノアです。私は毎日7時に起きます。でも今朝は6時に起きました，そして私は公園で犬を散歩させました。
質問：なぜノアは今朝6時に起きたのですか。

3 (1) **be in the ～ club「～部に所属している」**
(2) do は否定文，疑問文で使う以外に，一般動詞として「～をする」の意味がある

4 (1)「ふろに入る」は take a bath。「～していますか」は現在進行形の疑問文で表す。
(2)場所をたずねる疑問詞 where のあとに，現在進行形の疑問文を続ける。

5 (1) see(見る)の過去形 saw が使われているので過去の文。**一般動詞の過去の疑問文は主語の前に did** を置き，**動詞は原形**にする。**答えるときも did** を使う。
(2)「何」をたずねるときは what で始まる疑問文にする。ate は eat(食べる)の過去形なので，what のあとに過去の疑問文を続ける。

6 (1)主語が三人称・単数で，過去を表す yesterday があるので，適する be 動詞は was。
(2)文頭の be 動詞の過去形 were に注目し，過去進行形の疑問文の形にする。

(3)動詞の -ing 形 playing と，文末の then(そのとき)から，過去進行形の疑問文にする。「あなたはそのときどこでテニスをしていましたか」。

ポイント
いろいろな疑問文
- 過去にしたことをたずねるとき(一般動詞の過去の疑問文)は，did を主語の前に置き，動詞は原形にする。
- 過去の状態をたずねるとき(be 動詞の過去の疑問文)は，was または were を主語の前に出す。
- 過去のある時点で進行していたことをたずねるとき(過去進行形の疑問文)は，was または were を主語の前に出し，動詞の -ing 形はそのままの形。

p.78～p.79 予想問題

1 エ
2 イ
3 (1)did / was (2)Where were
(3)Who / did
4 (1)What are (2)have, reasons
5 (1)How many apples did Emi buy?
(2)Was your sister making breakfast at that time?
(3)How was this book?
(4)Where was Naoki this morning?
6 (1)Dear
(2)How are you doing?
(3)Where did you visit yesterday?
(4)Sincerely yours[Yours sincerely]
7 (1)Was Yumi listening to music
(2)Where are your parents going shopping?
(3)What was Kazuki studying in his room then?
8 (1)What are Miki and her friends doing?
(2)What time were you here?
(3)Why did you watch TV last night?

解説

1 ヒトミが「父はそのとき働いていた」と言っているので，**エ**が正解。

A: Hitomi, was your father at the bookstore yesterday evening?
B: No, he wasn't. He was working then. Today he is playing tennis in the park.
Question: Where was Hitomi's father yesterday evening?

訳 A：ヒトミ，あなたのおとうさんは昨日の夕方，書店にいましたか。
B：いいえ，いませんでした。彼はそのとき働いていました。今日，彼は公園でテニスをしています。
質問：ヒトミのおとうさんは昨日の夕方どこにいましたか。

2 疑問詞 how にはいろいろな使い方があるが，ここでは感想をたずねる語として使われている。質問は「北海道で何をしたか」なので，旭山動物園へ行ったと答えている**イ**が適切。

A: Bob, how was your trip? Where did you visit last week?
B: I visited Hokkaido. I went to Asahiyama Zoo. I saw many animals. And I had *jingisukan* too. It was a great trip.
Question: What did Bob do in Hokkaido?

訳 A：ボブ，旅行はどうでしたか。あなたは先週どこを訪れましたか。
B：私は北海道を訪れました。私は旭山動物園へ行きました。私はたくさんの動物を見ました。そして私はジンギスカンも食べました。すばらしい旅行でした。
質問：ボブは北海道で何をしましたか。

3 (1)yesterday があることから過去の疑問文とその応答文。**一般動詞の過去の疑問文には did を使って答える**。応答文の It は三人称・単数で difficult は形容詞なので動詞は was。
(2)過去を表す then，動詞の -ing 形，また，答えの文で場所を答えていることから，Where で始まる過去進行形の疑問文を作る。
(3) **ミス注意!** 人の名前を答えていることから，「だれ」をたずねる文を作る。疑問詞が主語になる文では，疑問詞のあとに動詞が続く。ここでは質問の文が一般動詞の過去の文なので，答えるときは〈主語＋did.〉の形にする。質問の文が一般動詞の現在の文であれば主語にあわせて〈主語＋do[does].〉，be 動詞を使った文であれば〈主語＋be 動詞 .〉の形で答える。

4 (1)疑問詞 what で始める。主語 your hobbies が複数なので be 動詞は are を使う。

5 (1)**数をたずねる**ときは**〈How many＋名詞の複数形＋疑問文の形？〉**で文を作る。bought は buy(買う)の過去形。
(2) at that time は「そのとき」で過去を表す語句。be 動詞 Is を過去形の Was にかえる。
(3)「この本はどうでしたか」の文を作る。**「どう，どのような」**を表す疑問詞は **how**。
(4)場所を答えているので，**「どこ」**をたずねる文を作る。「どこ」を表す疑問詞は where。

6 (1) dear は「親愛なる」。手紙の書きだしで Dear～「～さん[様]」と使われることが多い。
(2) How do you do? の現在進行形。
(3)場所をたずねる疑問文を作る。
(4)手紙やはがきの終わりによく使われるあいさつの表現で，自分の名前の前に置く。ほかに，Best regards, や Best wishes, などもよく使われる。

7 (1)「～していましたか」は過去進行形の疑問文で表す。一般動詞の過去の疑問文で使われる did が不要。
(2)「～していますか」は現在進行形の疑問文で表す。場所をたずねる疑問詞 where を文頭に置いて現在進行形の疑問文を続ける。主語が複数なので is が不要。
(3)(1)と同様，過去進行形の疑問文なので study は studying にかえる。**「何を」**とたずねるときは疑問詞 **what** を文頭に置く。

8 (1)「何をしているか」を現在進行形の文でたずねる。主語は複数なので be 動詞は are を使う。
(2)**「何時」**とたずねるときは **what time** を文頭に置く。「～にいた」は be 動詞の過去形を使って表す。
(3)**「なぜ」**をたずねる **why** を文頭に置き，一般動詞の過去の疑問文を続ける。

6 5 4 3 2
D C B A